21世紀の恋愛

いちばん赤い薔薇が咲く

[作] リーヴ・ストロームクヴィスト
[訳] よこのなな

花伝社

本書の刊行に際し、スウェーデン文化庁（Kulturrådet）から翻訳出版助成プログラムの助成を
受けています。Tusen tack!

KULTURRÅDET

目　次

2011年にレオナルド・ディカプリオが『スポーツ・イラストレイテッド』水着特集号に出ていたイスラエル出身のモデル、バー・ラファエリと別れると、「デイリー・メール」紙はこう書いた。

「円満な別れだ」

「友人として関係は続いている。連絡も取り合っている」

「距離ができて、それぞれの道へ進んだというだけ」*

* 「デイリー・メール」2011年5月12日付

6

その後、レオは俳優のブレイク・ライブリー（24歳）と付き合う。

で、ふたりは別れて、レオは「ヴィクトリアズ・シークレット」モデルのエリン・ヘザートン（23歳）と付き合う。

で、別れて、レオはドイツ出身の「ヴィクトリアズ・シークレット」モデル、トニ・ガーン（22歳）と付き合う。

で、別れて、レオは『スポーツ・イラストレイテッド』水着特集号のモデル、ケリー・ロールバッハ（25歳）とデートする。

で、別れて、レオはポーランド出身のビキニ水着モデル、エラ・カワレック（23歳）とデートする。

で、別れて、レオは『スポーツ・イラストレイテッド』水着特集号に出ていたデンマーク出身のモデル、ニーナ・アグダル（25歳）と付き合う。

で、このふたりも別れた。

とある情報源が
「デイリー・
メール」紙に
語ったところに
よると

「別れるのがいいかもって、
両方が思った」

「ふたりは今でも友達だ」

「それに関係もいい」*

* 「デイリー・メール」2017年
5月18日付

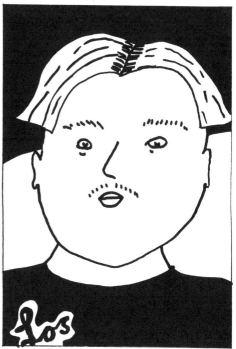

僕はなんにも

いや、そりゃレオだって、もちろん何かは感じるでしょうよ!! そんなに **強く** 感じないだけで。

たとえば、トニ・ガーンが一緒にレンタサイクルでニューヨーク中を走り回ってくれないと<u>死んじゃう</u>、とまで感じることはない、というか。

エリン・ヘザートンにもう二度と会えないとしても、レオにしてみればほんとに全然**超**どうでもいいし、エリンにしてもレオに二度と会えなくても、別に**超**どうでもいいんだよ!!!

レオは熱くならないオーブンみたいだ。永遠になんにも焼けやしない。

感じない。

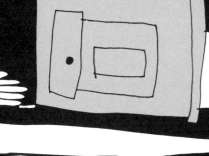

うっかりさわって、
やけどすることもない。

それで **全然いいの** //!

なんにも
悪くない //!
そんなに
すごくは
感じないっ
てだけ、
感じないん
だよ。

この時代、
《恋をする》という
感情はますます珍しい
ものになっている。
そんな主張をする哲学者
や社会学者がいる。

恋の感情はもうほとんど、いや、もう全然
起きない。(私たちはみんなディカプリオ
だ)

でも、
なんで
だろう？

よし……いくつかの学説をざっと紹介し
ていくよ……（といっても、短くはない
んだけどね、あはは）

その1.
《他者》の消滅

韓国出身の哲学者ビョンチョル・ハンは、後期資本主義時代にあたる現代、
極度のナルシシズムが私たちの社会を根底から変えてしまっている、という。*

後期資本主義時代の極度の
ナルシシズムが、我々の社会を
根底から変えてしまった

*Byung-Chul Han, Agonie des
Eros, Matthes & Seitz, 2012.

私たちが自分自身のことでますます手一杯になっているために、《他者》が消えてしまっている。(Han, p.5)

ハンによれば、私たちが生きている後期資本主義の時代では、リビドー（性的衝動）はまずその人自身の主観性の中には投入される。(誰かのセクシー画像を撮るより、むしろセクシーな自撮りをする、みたいなこと)

ハンはこう書いている…。ナルシシズムは自己愛とはまったく違う。*（…）ナルシシズム的な主体は自分の境界線をしっかりと持つことができない。

こうして自分と他人の境い目がぼやける。

「ナルシシズム的な私」にとっての世界は、自分自身の幻像の中だけに立ち現れるものとなる。

*訳註：ハンは「自己愛の主体は自分と他人の間に否定的な境界線を引く」としている(Han, pp.6-7)

他人は《他者》にはならず、自分のエゴを承認してくれる「鏡」として機能する。

《他の人たち》が大事なのは、私を映して承認してくれるから

「私」は「他者性」を認めることはおろか、「他者性」というものの存在に気づくことすらできない。*

*Han, p.9.

だけど、愛ってものはもちろん、別の人間の他者性、これに尽きる。恋をするっていうのは、どうしようもないほど自分とは違っているひとりの人間を知っていくこと。その人は誰とも比べられない、唯一無二で、たったひとつの存在だ。

紀元前385年に著された『饗宴』で、プラトンはある宴会を描いている。ソクラテスとその良き友人たち、エリュクシマコス、アリストファネス、パイドロスらが、愛に関する演説を披露することになる。ごく普通の、すてきな演説から始まった。

愛こそが我々にとって最も善きものの起源なんだ！

完全を熱望し探し求めることを愛と呼ぶのだ！

愛とは、美しきものを創り出し生み出すことの追求だ！

パイドロス

アリストファネス

ソクラテス

うーん！興味深いな！

確かに、考えたことなかったよ！

ドン！ドン！ドン！

けれども、全員が話し終えたとき、ドアを叩く大きな音、そして庭で誰かが叫ぶ声が聞こえた。

現れたのはアルキビアデス。仲間の末端に連なる、若い男前の酔っぱらいだ。

この見事な酔っぱらいを飲み仲間にに入れてくれないか？

*プラトン『饗宴』（岩波文庫版、128頁の場面）

アルキビアデスが中に入ると、最近ひと悶着あった人物、ソクラテスが目に入った。が、別のお相手アガトンと一緒だ。

彼は大声をあげる。

ソクラテス！

またいつものように、この部屋でいちばんの男前の隣にいるんだな！*

→プラトン、129→130頁

ソクラテスはアガトンにいう。

私を守ってくれたまえ。彼の愛のせいで、厄介なことになっているんだ！

彼に恋してからというもの、美しい人を見るのもダメ。話しかけるのもダメ。彼は嫉妬にかられて、手を上げそうなタイプだからね！*

*プラトン、130頁

アルキビアデスは叫ぶ。

これでいい！

そしてワインクーラーから直接飲み始めた。

もっと大きなグラスは?!

ソクラテス！飲むか?!

→プラトン、131頁

16

エリュクシマコスがいう。

みんなで愛について語ったんだ！アルキビアデス、君もどうだ？

するとアルキビアデスは立ち上がっていった。

よし！

僕はソクラテスについて語る

アルキビアデスはいう。

ソクラテスが語るのを聞くと

鼓動が激しくなって

彼の言葉に涙があふれるんだ

こんなこと今まで一度もなかった

でも、この人物のせいでよく思ってしまうんだ。僕が送ってきたような生活に意味なんてないよなあ、って！*

*プラトン、135-136頁

彼がこの世にいなけりゃいいのに。しばしばそう思う!!

でも死んでしまったら、僕はさらに嘆き悲しむだろう……

この男に対してどうすればいいのか、わからないんだ!

*プラトン、137頁

それから、ソクラテスがどんなに思わせぶりな態度を取ったかを話した。

「いっておくが、みなさん、ふたりきりだったんだよ。だから、そういうときに恋する男が若い恋人に普通だったら話すようにこの人も話してくれると思った。うれしかった。でも、そうはならなかった! まったくいつもどおりだったんだ」

人間の本質
感覚の幻像
意識の声

「それで一緒に丸一日過ごすと、彼は帰っていったんだよ!」

じゃあね!

アルキビアデスは続ける。

「今度は一緒に運動しようと誘った。何か起こればと思って、一緒に運動したんだ」

「ふたりっきりで何度も運動して格闘した。が、なんの役にも立たなかったことはいうまでもない」

じゃあね!

そして今度は食事に招いた。終わりが遅くなって、ソクラテスが自分の隣で眠らなくてはいけなくなるようにして。アルキビアデスは語る。

それでもなんにも起きなかった!!

「有無をいわせず彼のすり切れたマントの下へもぐった。**このまさしく神々しい最高の人に腕を回した。**—晩中そうしていた」*

グーグーグー

*プラトン、143頁

アルキビアデスはやけになって話す。

そうさ、すべての神と女神に誓ってもいいが、ソクラテスとの一夜を過ごして目を覚ましても、父や兄と眠った以上のことは何も起きていなかったんだ!!!

どんな気持ちになったか、みんなわかるか?!

途方もなくあたりをさまよい

僕はこの男の奴隷になったんだ、他の誰もなったことがないようなやり方で!!

他の誰もって、ほんとに?!

*プラトン、144頁

とにかく！　ソクラテスがどんなふうにしてヤルのを
拒んだか、という2400年も前の話を紹介したいちばんの
理由は、アルキビアデスがソクラテスについてこんなふうに
いって話を終えるから。

**彼はどんな人間にも
似ていない、**
過去の人にも未来の人にも

他の人たちは**比べる**ことができる
んだ。アキレスはブラシダスなんかと
比べられるし、ペリクレスはネストル
らと比べられる。違う見方での比較も
できるだろう

だがこの男ほど風変わりになると、
**似通った人を挙げることは
できないんだ。**現在を探しても、
過去を探しても

*プラトン、147–148頁

アルキビアデスがいうのは、ソクラテスは《他者》だってこと。哲学用語でいうと《アトポス》だ。

誰かが《アトポス》であるとは、フランスの哲学者ロラン・バルトによれば、「分類不能なもの、常に測りがたい独自性をもつ」*状態を指す。

*ロラン・バルト『恋愛のディスクール・断章』(三好郁朗訳、みすず書房、54頁)

（バルトやハンがいうには）これこそが自分の愛の対象を見るときに欠かせないことだ。つまり、その相手を《アトポス》、他の誰とも比べられない存在、と見ること。

だから恋してると、みんなこういうんだね。

あの人だけなんだ！

彼女みたいな人、いない！

君は世界でたったひとりの人だ！

ただひとり！

彼にフラれたらもう誰もいない！

で、どこかのバカがこういったら…

ひとりダメでも引く手あまたさ！

森にはもっと木があるよ！

すぐ新しい人が見つかるって！

とかなんとか、とぼけたことをね。それでこっちは激怒する。だって、自分が恋してるあの人みたいな人は、他には誰もいないって知ってるから。これこそが誰かに恋をするということなんだ。

だけどハンによれば、この経験、**誰かの他者性を認める**ことは、現代の極度のナルシシズムの中では不可能だ。

人を《アトポス》と見なすことができないので、みんなが**同じ**になってしまう。だから常に互いに比べ合うことになる。比較不能なものはないのだ。ハンはこんなふうに書いている。

恋を追い求めるのは、**僕が他人を認める**ためじゃなくて、

誰かに好きになってもらうため、

それで人としての僕の価値が認められる!

不断の比較という現代文化のせいで、《他者》の負の部分を許すことができなくなる

*Han, p.6.

我々は常にあらゆるものを比べ合い、そうやって似たようなものに平均化していく

《他者》の奇妙さ〔アトピー〕という感覚を失ってしまっているからだ*

*Han, p.6.

《他者性》を奪われた他者を**愛すること
はできない。**ただ消費するしかない。*

*Han, p.22.

だから、この説によればこういうことになる。レオナルド・ディカプリオ は、後期資本主義的なナルシシズムの文化を生きているため、『スポーツ・イラストレイテッド』 の水着モデルを《アトポス》つまり「別の人間」と見なすことが できない。水着モデルたちは彼のエゴを映す鏡でしかなく、交換も比較も可能な存在だ。

水着モデルたちは他者性を奪われているため、ディカプリオにしてみれば彼女たちを愛することはできない。似たような、比較できる対象として平均化されているから、愛するわけにいかない。ただ消費するしかないのだ。

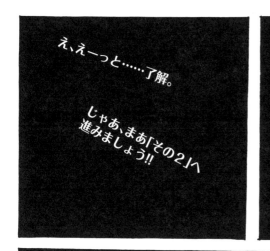

その2.
「理性による選択」の急増

前近代社会と今の社会で、結婚に関して決定的に違うこと。それは、昔は選択肢がずっとずっと少なかった、ということだ。

誰と結婚できるかは、階級（同じ社会階級の人としかダメ）、人種（同じ民族学的背景を持つ人としかダメ）、性別（異性としかダメ）によって厳格に決められていた。となると、相手は単純に、知り合いか近所に住む人、となる。

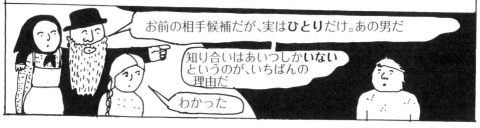

お前の相手候補だが、実は**ひとり**だけ。あの男だ

知り合いはあいつしか**いない**というのが、いちばんの理由だ

わかった

今は、階級、人種、性別の制限はなくなり、しかもインターネットのおかげで地球上の**あらゆる人**を**いつでも**ナンパできる。そういう状況では、現実だろうと妄想だろうと、目の前にいる人よりもさらにすてきな人がいるはず、とずっと考えてしまう。

誰かから「♥」

昔と違って、同じ人と一生を過ごすべきだという期待もされない。一生の間に何度でも相手を変えればいい。

*訳注：キム・カーダシアン

簡単にいえば、選択に膨大な時間を費やさなければいけなくなってきた。

でも、誰とつきあうべきか、みんなどうやって選んでいるの？　社会学者の
エヴァ・イルーズ*は、方法のひとつは直観の助けを借りることだとしている。
つまり、蓄積された経験や暗黙の了解といったもの、それに《感情》を基に
してパッと決めること。この判断は、情報よりむしろ感覚に基づいてるね。**

直観的な
パートナー
選びの
典型：

なんで、他でもないこの人と、子ども3人作って、住宅ローン
を組んで、休暇の100%を共有しようと思ったの？

この人、前歯にとん
でもなくかわいい
すきまがあるんだ！

**Eva Illouz, *Why Love Hurts:*
Polity Press, 2012, p.93.

直観による判断は理論では説明できない。そうだってだけだから。

でもイルーズは、直観によるパートナー選びはもっと合理的な選び方に取って
代わられた、と考えている。例を挙げると――様々な候補を比較し、長所・短所を
天秤にかけ、分析し、専門家にアドバイスをあおぎ、デートサイトに条件を入力し、
さらには学問的な理論を採り入れる、などなど。

もっと
合理的な
パートナー
選びの
典型：

エーヴァ、オー
サ、ヨハンナ、
3人とも同じ
くらい、いい

でも、エーヴァはゴルフが
ちょっと下手っぽい

けど、ケツはちょっと
だけ小さい

スクロール中

エーヴァにしよう

*Illouz, pp.180-181

でも、直観による判断が、合理的な判断に
取って代わられてしまったって、どういうこと？
どうして？ うん、理由はたくさんあるんだ。

なんでも《科学化》することがますます増加。

問題を解決
したい！

理解し
たい！

説明した
い！

理性的で
ありたい！

近代の人々

自己分析を推奨する心理学の流行。

**自分の気持ちを、
理解**したいんです

まず、自分が**何者か**を
《ちゃんと》理解して、

それに《真に》《確かな》
自分が、何を求めている
のかも、

それからその欲求を
いちばん満たして
くれるのは**誰**か、

その誰かへの気持ちが**どれくらい**
強くて深いもの**である**のか、

それと、この感情がこの先
どれくらい強く深くなるの
かも!???

上出来！ じゃあ
来週の予約を取りま
しょう

専門家への偏愛。

経済の専門家はなんていってる？ 育児の専門家は？
インテリアの専門家は？ セックスの専門家は？

自分の気持ちだけを
信じれば？

いや、だったら「直観」の専門家
を頼らなきゃ

消費社会の拡大──おかげで私たちは他人との関係の中でも
消費者になり、「合理的であろう、最大の利益を得よう」とする。

ただ、イルーズはこうもいう。

理性で判断しようとする態度が、人との関わりの中で生じる
強い気持ちを感じ取る力の邪魔をする。

エヘヘ!

あちゃー、別の二人の方がよかった!

複数の選択肢を天秤に掛けるということは、評価の対象となるものを構成要素に細かく分け、属性ごとに比べて評価するということだ。

こうして評価の対象は項目に分割され、**直観的な判断が妨げられる。**そして、研究によると、**よい印象が弱まる傾向がある。***

* Illouz, pp.93-94.

イルーズが例に挙げる調査では、食べ物の味を**言語化**するよう求められると、そんなにおいしくなかったように思う傾向が見られた。言語を用いて自分の中で考えて評価しようとすると、ポジティブな全体の印象が危うくなる。*

* Illouz, p.94.

パスタがおいしくって!

でも、説明するなら…

粉ぽっいっていうか

微妙?

これよりおいしいパスタもあるはず!

イルーズいわく。
判断の理由を言語化し説明する文化では、**たいした理由がなくても**誰かに愛着を覚えるという人間の能力は、こんなふうに**衰弱してしまう。***

* Illouz, p.94.

スロヴェニアのマルクス主義者スラヴォイ・ジジェクも、《古き良き意味での》恋愛や愛は、現代ではますます珍しくなっている、と主張する派だ。

昔ながらの愛なんて、今やめったとお目にかかれない*

ジジェクは、《Fall in love（恋に落ちる）》という言い回しがいかに写実的かと指摘する。恋をするというのは、予期できない、人生を変える出来事で、自分のエゴは崩れ落ちてしまう。

完全に偶然の出来事

だけどその結果、人生そのものが変わる

何もかも変わる

だけど、消費をよしとする表層的な文化のせいで、どこからともなく人生を根本から変えてしまう《転落》という出来事は、ますます起こりにくくなっている。ジジェクはこう主張する。

消費主義の文化では、誰も《転落》したがらないんだ

それって致命的な依存だからね

ジジェクの主張はこう。デートサイトやマッチングアプリで相手の条件や希望を予め入力しながらも、私たちは昔のロマンチックな視点に回帰して、愛を不測の《転落》のようなものと見ている。そうやって、ある意味では、自分で自分に政略結婚させている。

ベジタリアンでR＆Bが好きな人、募集中

直観的に、思いがけず恋に落ちると、相手のことをそんなには知らないってことはよくある。むしろ逆なんだ。誰かに恋を**すると**、その人のことやその人がしてることを好きになり**始める**んだよ。

彼、朝はいつもベーコンエッグ！ほれぼれする！

卵に！

ベーコン！

なにそれ！水玉！**超すてき！**

彼女、ゴルフが苦手で!! 必死になるとすっごくかわいく《エへ！》って笑うんだ

だけど私たちは、自分の感情にびっくりしつつ直観的に判断するかわりに、消費者として合理的に考えてしまう。

28

恋愛を合理的に考えることはますます増えている。「ダーゲンス・ニーヘーテル」紙の記事にはこうある。*

相手選びの新たなトレンドは似た者探し。

自転車乗り、農家、ゴルフ好き。そんなシングルたちを対象としたマニアックなデートサイトが増えている。

プロのエンターテイナー向け、辛い料理好き向け、グルテンフリー派向けなど、特別な希望に応えるサイトだ。

同じ価値観を持つ相手選びは、今後ますます簡単になるだろう。

AIを利用したソーシャルメディアのアルゴリズムが、似た部類の人を探し出してくれる。

テクノロジーや科学の発展、それに合理的な判断が増えることで、幸せな恋愛にたどり着くことのできる人の数は**増える**と予想されている。幸せな恋愛の割合が以前よりも**増える**からと。

でもね、さっきも話したけど、相手選びにおいては《合理的な選択》って行動自体が逆効果なんだよ。→

* 「ダーゲンス・ニーヘーテル」2019年3月2日付（「ポケモンGOする方がカフェで会うより気楽」より）

《一目で結婚》というリアリティ番組。50歳のタイツ会社の社長マッツは、出会いの専門家チームから、58歳の会話講師、エリーサベットを紹介される。

最初のうちはとてもうまくいった。でもしばらくするとマッツは、エリーサベットがタバコを吸うのにがっかりしたと話す。

実はちょっとがっかりしてる

僕は

ヘビースモーカーを紹介されて

僕にとっては、本当にありえない、っていう条件なんだよ！

セクシーじゃないと思う

さわやかじゃないし

タバコ吸うって、知的じゃないと思う

彼女がタバコに火をつけるたびに

シールドか、壁ができる気がする

それを**越えたい**と思えないんだ！

それが、彼女に実際感じてる魅力をさ…

いや、マジで**魅力的だと思ってるし！**

一緒にいることを選べたらなって

なのに…

常に腕一本分の距離があるみたいだ*

※「一目で結婚」第3シーズン（スウェーデンテレビ、2017年）

マッツに何が起きているのか。原因は**何**を求めているのるかを事前に書き出していたことにある。こんなふうに。

こんな女性を希望
スリム、高学歴、前向き、好きなのは旅行……

で、こんな「希望リスト」を書いてるから、別の人間との出会いに対して、最初から、商品を注文した**一消費者**のように立ち会ってる、ってわけだ。

スリム、高学歴、前向き、好きなのは旅行、それに犬……

おかげでマッツは常に**消費者**のままだ。特定の商品を注文したんだから、その商品が希望どおりでなければ、満足できない消費者と同じ気持ちになる。

不満だ！

マッツはエリーサベットが欠陥品みたいに話してるけど、もし商品に欠陥があれば別の商品が欲しいって思うのは、そりゃまあ、自然な反応だよね。

客には常に権利がある！

そりゃあ、こんなふうには考えないよ。**その商品が自分を根本から変えてくれる**とか、**自分自身**がその商品によって変わることができる、なんてね。

ほら、こんな感じ。ソファを買って帰ってみると、重大な欠陥に気がつく。

でもその欠陥は**気にしないで**

その欠陥が**自分**を人間的に成長させてくれる、と考える。

僕にもダメなところはいっぱいある

このソファも自分のダメさに耐えてきた！

だから今度は**僕**が完璧じゃないソファを受け止めて愛せばいいんじゃない？！

ミシッ

その後も、マッツは、エリーサベットに対する気持ちを自問し続ける。こんなふうに。

自分の気持ちが本当にわからない

本当に正しい選択をしたいんだ

僕自身にとって正しい選択を!

みんなにとって正しい選択じゃない

ある意味、ちょっと僕がやりがちなんだけど

みんなをちょっと満足させるってのが、ちょっと僕っぽいんだよ*

ここでもやっぱり、理性で判断するメソッドのせいで、マッツは感情のやりとりができなくなっていることがわかる。「自分の内面を分析的に観察しよう。心理学的に自己強化しよう」こうしてマッツは、あらゆる気持ちを感じなくなっていく。

マッツの自我（エゴ）が**強くなる**ばかりだ。そして、マッツが今後誰かと《恋に落ちる》ことはまずないだろうとますます思えてくる。

*〔一目で結婚 第３シーズン〕

こんなふうに、理性で判断するという**メソッド**そのものが、《愛》の感情が生まれる可能性を**弱めてしまう。**なぜって、このメソッドは直観による判断を妨げるし、消費者としての態度を生み出してしまうから。

（マッツが愛を得るために）本当に必要なのは、転落すること。

落ちた場所で、自分のエゴが崩れ落ちるにまかせなくてはいけない。

いってみれば　エリーサベットの前で、観念して無力になるだけ…

そうすることで、ドラマチックで、深い、人生を変える、運命的なつながりが、マッツと58歳の会話講師の間に生まれる、というわけだ。

その3.
男性の成功
についての
新定義

はーい‼ どこまで話したっけ？ そう
そう、「なんでレオナルド・ディカプリ
オは…」だね。水着モデルたちの<u>ひとり</u>、
例えばトニ・ガーンに心を決めて、トニ
に**本気**で恋して、あれこれ永遠に誓いを
始めて、トニそっくりな娘が欲しいって
妄想したり、トニをどんなに愛している
か夜中に長々と日記に書いたり……
そういうことをしないのはなんでかな、
という話だったね。

レオがそうなるべきだってことじゃないからね！
みんな落ち着きなよ。

ただ不思議に思っ
ただけ。レオ（と、
性経験が多いこと
をよしとする後期
近代を生きる数多
の男子）は、なぜ
トニ・ガーンに
こんな態度を取る
のかな、って。

連絡するのを忘れる。

絶対に何も約束しない。

会おうといわれると
めんどくさい。

友達に紹介しない。

《愛してる》といわれると
めんどくさい。

「いつかママになりた
い」といわれてパニック。

オープンな関係でいよう
と提案する。

同時に別の女子とも
付き合う。

37

*Illouz, pp.59-108.

はいはい。これは、**男の立場をどう守るか**、つまり**《立派な男》はどうあるべきか**が、この100年から150年のうちに変化した、ということで説明できる。*

だけど、イルーズによれば、この社会的な大転換が異性愛における男女の気持ちのありようを変えた。特に、**男性が女性に対して気持ちの上で距離を置くようになった**らしい(Illouz, p.61.)。**でもどうして？** それはね →

それまで男らしさは、3つの文脈で語られてきた。

職場で　　**家庭で**　そして　**男ばかりの集まりで**

だから男の生活はこんな感じ。

だけど、この何十年かで、こういう場が**すべて**崩壊して、
男たちの地位には綻び（ほころび）が出てきた。近代化とフェミニズム
による進歩のおかげだね。今はこんな感じ。

女も働く。

私が新しい
上司です

ここが
違う

女も自分のお金を
持ってる。

食器洗い、あなたの
番ね

もちろん女だって
出かける。

給料出たか
らおごる！

男の威信をさっきみたいな伝統的な方法で示すのはもう《ダサい》し、今となっては
それが示すのは、低いステータスの古い労働者階級的な男らしさでしかない。

うちは子ども**6人**いるんだよ！

名字を継ぐ子が何人いるか、**わかる?!**

しかもヨメは一銭も稼いでなくて、
完全に俺が養ってやってる！

達成感!!!

へぇ
…

《すごい》

おお！
なんとすごい
家長だ！

19世紀の人

そんなわけで、**男性の地位を振りかざす行為は、
性の領域で行われることになっていった**、と
イルーズは見ている。*

イルーズはこう書いている。

男が家庭で持っていた権力は、セックスやセクシュアリティに持ち込まれた。こうして性が、男の権威、家庭や恋愛関係からの独立を誇示できる領域となった。(Illouz, p.73.)

*Illouz, p.73.

性が、男が自分の権威や、家庭と恋愛関係からの独立を誇示できる領域となった。*

女性に対して感情を見せないことで、以下3つの男らしさを僕は保っている。
①独立——僕は誰にも依存しない

②権威——付き合う条件を決めるのは僕だ

③男同士の連帯——2月から週1で女の子と寝てるんだ!

いいな!じゃ、アヴィーチー聞こうぜ

感情を見せないことは男の独立のメタファーだといえるが、その独立自体はセックスと結婚を別物とすることで促進された。*

19世紀の《男らしいふるまい》と比べて、これはすごい変化だよ。

当時は逆に、強い気持ちを感じて表現できる、誓いを守って、身を固めることをためらわないといったことが男らしさを意味していたんだから。(Illouz, p.64.)

*Illouz, p.73.

例えば、トーマス・マンの大河小説『ブッデンブローク家の人々』(19世紀前半の一幕)を見てみよう。グリューンリッヒ氏が(2回しか会っていない)アントーニエ・ブッデンブロークにプロポーズする。

こんなふうに。「速足で、腕を広げて首を傾げ、こういいたげな男の姿勢で、

私は来たぞ！
殺してくれてもいい！

グリューンリヒ氏は
彼女のところへ
やってきた」*

*トーマス・マン『ブッデンブローク家の人々』
（岩波文庫版、152頁の場面）

彼はこういう。

アントーニエ嬢よ！ お会いした瞬間、あの午後から…

あの午後を覚えておいでか？

…ご家族に囲まれたあなたを初めてお見かけしたときから、これほど高貴な、こんなにも信じられぬほど愛らしい方…

…あなたのお名前は私の心に消せない文字で書かれているのです

彼はいい直した。

刻みつけられ、だ！

あなたのお名前は私の心に消せない文字で刻みつけられているのです！

あの日から、アントニーエよ、私の唯一の望み、激しい望みは、あなたの美しい手を永遠に我が物とすることです!!*

でも、アントニーエはグリューンリッヒ氏とは絶対に結婚したくない（頬のひげがヘンな黄色に染められてた、というのが大きな理由。クリスマス飾りみたいな色ね）。でも、それは置いといて。 →

大事なのは、グリューンリッヒ氏には19世紀的な立派な男らしさがあるとこの場面で表されてるってこと。具体的には：

決断を下す、永遠の誓いを立てる、恋する気持ちを言語化する、強く感じる。そうした能力があるってこと。

*マン、154頁

19世紀には、男性がひとりの女性に誓いを立てたり、誓いを守ったりできないことは、超負け犬的な、男らしくない、ひどいことだとされていた。

1841年に、デンマークの哲学者セーレン・キルケゴールが、レギーネ・オルセンとの婚約を破棄したときの、世間の反応を例に取ろう。

婚約破棄の1年前、キルケゴールは典型的な19世紀の男らしい作法でプロポーズしていた。つまり、2年におよぶアプローチののち、レギーネのピアノを聴いているときに、突然──

立ち上がって

楽譜を閉じると

ピアノに投げつけて、叫んだ。

ああ、ピアノなんて、どうでもいい!!

あなたこそが私の求めるもの! 2年もの間ずっと望んでいた!!

レギーネは何も答えず、まったくの無言。（キルケゴールはこの出来事を日記に書いてる）（日記をつけるのも19世紀の男の典型）（プロポーズについてうだうだ日記に書くっていうのも）

もう！ ショパンの「エチュード嬰ト短調Op.25-6」の最後だったのに

キルケゴールは、以下に挙げる19世紀初頭の男らしさの基準をちゃんと満たしている。①強い気持ちを感じて、それを表現する。②自分の決断に自信がある。③誓いを立てる（アプローチするなら当然プロポーズする）。

ひえぇ、なんて正常な行動だろう!!!

世間

*Joakim Garff, *Søren Kierkegaard: A Biography*, Princeton University Press, 2013, p.189.

**理由は不明だけど、キルケゴールはレギーネとの婚約を1年足らずで破棄する。
（理由については、彼は宗教的に思い悩んでいた、だから／あるいは、自分の鬱屈で彼女を患わせたくなかった、あたりが濃厚）（裸になるのが怖かったのかも？）**

だけど、この話で注目すべきは、これがコペンハーゲンですごい**大スキャンダル**になった、ということ。レギーネの身内だけじゃなく、社会全体が超ショックを受けた。*

ひええええ、なんて異常な行動だろう！

世間

*この話は事実無根と認定されてるよ！

いくつもの噂が流れた。レギーネに対する態度がこんなにひどくて不当だったと。社会全体がレギーネ側に付き、キルケゴールはひどい、と考えた。

彼女を連れて「ドン・ジョヴァンニ」を観に行ったって…

…序曲が終わるとすぐ**帰らせた**…

…こういったって。「いちばんよいもの、**期待**を経験できたね」*

ひい!!

同時代の作家ヘンリク・ヘルツはこう表明。

……このうら若き、**素晴らしい**オルセン嬢に対し、キルケゴールは己の異様さで、半ば死に至らしめるほどの拷問を与えたのだ

このふるまいにより、奴はお尻をペンペンされてしかるべきだったのだ！*

あるいはデンマーク語で

Han burde haft riis pa røven i den anledning!!

*Garff, p.189.

イルーズいわく、

19世紀の男は、自分の気持ちに正直になれる、誓いを立てて守ることができるという能力をあからさまに誇示して、男らしさを表現した。

一方、現代の男らしさは、むしろ、自分の感情を抑制して、内に秘めることで示される。*

女性は逆で、現代は男性よりも感情をさらけ出す傾向にあるけど、19世紀の女性はたいてい男性よりも控えめだった。*

もちろん私たちは突っ立って様子を伺ってるだけ。男の人がひとりで床に寝転がって、足元で愛を叫んでいる最中はね。当然でしょ。

こっちから愛の告白なんて**絶対にしない**し、向こうが結婚を約束するまでは感情を見せるリスクを取るのもダメ!

絶対ダメ!

とにかく今は胸がつぶれそうだよ! 婚約破棄なんて珍しかったんだから!

で、私は別の人と結婚して西インド諸島へ。キルケゴールは死ぬまで日記にうだうだ書いてたけど

社会生活のほとんどの領域で女性はほぼ無力だった。しかし、求婚のプロセスでは女性の方が強い立場にあったと考えられる。

女性は自分の気持ちを隠し、男に感情をさらけ出させた後で返事を決めればいい、という感情レベルのことではあるけれども。*

アントーニエ!

それくらいのことで、この先一生、何も所有できず大事なことも決められないことが帳消しになるのか、わかんないけどね

グスン

でも、イルーズによればだけど、今は女性の役割なんだって。強い感情を持つのも、愛の告白をするのも、落ち着いて家庭を築きたいと思うのも。(はい、はい、女がみんなそうってわけじゃないのはわかってるから、落ち着いて!!!)

でも、なんで？

イルーズはこう述べる。伝統的な家父長制では、(家庭を築き名字を継がせるために)子どもを作れという規範的期待、文化的期待を、**男も女も同じくらい大きく背負う。**

家父長主義的な男らしさが家庭を**求める**のは、自分を肯定してくれるから。

家父長制に懐疑的な社会では、男性に対する「再生産せよ」という圧力は弱い。世間で通用される男らしさが求めるのは、精神的な独立と経済的な成功だからね。

逆に女性が、子どもを**欲しい**と思う、社会的な役割を担うのだ。*

*訳註：ドラマ「カリフォルニケーション　ある小説家のモテすぎる日常(Californication)」、デイヴィッド・ドゥカヴニー主演、2007・14年放映)

《子どもが欲しいヘテロ女性》にとっていちばん一般的な戦略は、**強い気持ちのつながりを持てる相手をひとり手に入れること。**＊

セックスの相手に困らないシングルでも、**目標**は、長く付き合えて、独占できる相手を**ひとり**見つけることなのだ。

興味があるのは、真実の愛だけ

ヤバいくらいマジに深い真の愛だよ

それ以外のことは、時間のムダ！

イルーズによると、女子がいいがち。

今すぐ子どもが欲しいわけじゃなくても、たぶん考えてはいるんだよね。

お互いをよく知って

何年かは《楽しんで》

で、何歳か違いで、2人か3人

妊娠するのにどれくらい時間がかかるかわからないし、妊娠**できる**かどうかもわかんないよね？

つまり、**ヤバいくらいマジに深い真実の愛を期限内に見つけろ**ってこと

イルーズによると、男性よりも女性の方が独占できる関係を求めるのは、「女が男をものすごく愛してる」からでも、「男が女を愛する以上に、女が男を愛する」からでも**ない**。「子どもを**欲しがる**という社会的役割を女性が担っている」からだ。＊

あっそう、メールにも**返事もできないくらい、忙しいんですか**

でもさ、女の側もそうだったら

子どもはこの世に生まれてこないよね？

だからこそ、子どもを**欲しがる**っていう**社会的な役割**を、こっちが担ってあげてるんです＊＊

＊＊プラス、赤ちゃんがいるっていうのは、客観的に見て、純粋にめっちゃおもしろいし、正真正銘、何事にも替えがたいからですよ、へへーん。

子作りの相手探しに関して、女性の方がより大きなストレスを抱えているのは、当然ながらこんな理由も。生物学的に女性は男性ほど長く生殖できない。

今は女性も昔よりはるかに長く教育を受ける。だから1960年代までの女性に比べて、子作りにかけられる時間がすごく短い。*

60年代までの女性

60年代以降の女性

まず勉強したいし、労働市場で貢献したい。いくつか夢をかなえて、オプラのいう《最高の自分》とかなんとかになるんだ…

で、経験豊富がいいから、関係を《試して》別れて泣いてさっぱりして、準備完了、次を見つけて…

約22年（18〜40歳）

…となると、うん、2年くらいしかないね

* Illouz, p.75.

男性なら可能性はずっと大きい。子作りに関しても、子どももなしの立派な人生に関しても。新しい「できる男」に、子孫は求められていないから。

例えば僕は成功してるってわけ！

Los Angeles

なのに、《立派な》「できる女」には、母親であることがついてまわる。

例えば私の人生は欠陥だらけってわけ！

で、私に関する《報道》は、みんなこんな感じ

キャメロン夫妻のツーショットにファンは大喜び

女優キャメロン・ディアス（45歳）と、3年前に結婚した夫、バンド「グッド・シャーロット」のギタリストのベンジー・マッデン（38歳）は、昨夏に不仲が報じられていた。子どもをめぐる夫婦間の問題が原因とみられる。

「ベンジーが子どもを欲しがってるのをわかってるから、イラつくしつらいんだ」不妊のストレスが夫婦関係に影を落とす、と関係者。

「Hänt Extra」（訳註：週刊ゴシップ誌）2018年1月8日付

訳註：その後ディアスは2020年1月に第一子出産を発表。だが、2015年の結婚以降ずっと、「子作りのために女優業から引退」「不妊による不仲」という子どもと結びつけた「報道」がされていた。

しかも、現代女性にとって一般的な結婚は、同類婚もしくは上昇婚だ。つまり、だいたい自分と同じか、自分より高い社会的地位にある、年上の人と結婚する、という意味。*（必ずしも学歴や財産を指すわけじゃなくて、ある集団の中でなんらかの地位にある、ってだけ）**

一方、男性の方にも、自分よりも、若くて、学歴が低く、収入も低い女性と結婚する、という戦略がある。***

僕は35歳の弁護士！

相手候補は、同じ学歴の弁護士、**それか、**22歳のメークアップアーティスト！

私は35歳の弁護士！

相手候補は、最低限、同じ学歴の弁護士！

22歳の建設作業員は**ムリ！**

***Illouz, p.77.

**だけど、女性だって自分より学歴の低い男性と一緒になる、と示す研究も出てきてる。だから変化の途にあるという可能性も大いにありだね！（「イェーテボリ・ポステン」紙　2018年11月22日付　アグネス・ヴォルド「女性は自分より学歴の低い男性と結婚してますけど」より）

*Illouz, p.77.

女性の教育レベルは上昇し続けているので、中流・上流階級出身の経済的に恵まれた女性の大部分は、経済的に恵まれた高学歴の（あるいは、なんらかの高い地位にある）男性を奪い合うことになる。

男性は、自分よりも若くて学歴や収入も低い相手を選ぶことができるとすれば、単純に考えて、男性側の選択肢の方が広くなる。*

自分と同じくらいリッチで同学歴の人、あるいは、それ以上の人を選ばなくちゃいけない。そんな文化にとらわれてるんです。でも、私たち自身がますます高学歴でリッチになってるから、選択の幅がどんどん狭まってるんです!!!

興味深い話だけど、ごめん。高校卒業したての子をナンパしたい

*Illouz, p.77.

この状況で排除されるもうひとつの集団は、低学歴の若い男子たち。地位も資産もないのに、地位と資産に恵まれた40代から50代の全男性と、同年代の女性たちをめぐって競い合わなくちゃいけない。

付き合ってくれる？

無理。順番にディカプリオと付き合うシフト表を作ったから

こういう状況にムカつき過ぎた男子の一部がインセル*なってしまうのだ。

*訳註：「インセル（Incel）」は「involuntary celibate（不本意の禁欲主義者）」から作られたスラング。

でも、インセル男子は、家庭を持ちたい37歳の高学歴女性よりも**ちょっとだけ**マシな出発点にいる。インセルには、**これから資産や地位を手に入れて、恋愛市場で魅力的になる**という可能性が論理上はあるからね。

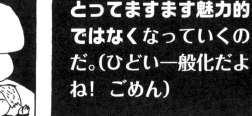

勉強したりお金を稼いだりできるし、5年もしたら、あんたたちの子ども産みたいっていう女子で**あふれるかえる**んじゃない？

悪いけどそんな暇ない。コメント欄に《クソババア》って書くのに忙し過ぎて

一方、進行形で地位と資産と年齢をアップさせている女性は、**男性にとってますます魅力的ではなくなっていく**のだ。（ひどい一般化だよね！　ごめん）

ほら、こちらが魅力的なタイプの男性

稼いでるよ

メディア業界でイケてる立場

カーリング大会優勝

80年代の人気パンクバンドのメンバー

なのに、こちらは魅力的では**ない**タイプの女性（一般的に、だよ）

稼いでるよ

メディア業界でイケてる立場

カーリング大会優勝

80年代の人気パンクバンドのメンバー

で、こっち↓が魅力的な女性

おたくらより15歳若いよ

そしてこの手の男性は、

なんだよ?!

この手の女性と付き合うことはなく

なんか違うな

はっきりいえないけど!

この手の女性と付き合うのだ。

付き合おう‼

デートしよ!

楽しもう‼

縛られない関係がいいよな

赤ちゃん欲しい

理論では、高学歴で高収入の女性には、若い男性との出会いが**可能**なはず！それに本当なら、若い男性と付き合うことになんの支障もないはずなんだよ。

歴史的に見ても、問題なし。前近代のヨーロッパでは、婚姻の４分の１は女性の方が年上だったし、30代の女性が資本や財産を手にしてるっていうのは、なんとなく魅力的だと見なされていた。*

だけど、問題は、そう、子ども。子どもを欲しがる社会的役割を女性が担っている（そして、赤ちゃんは、客観的に見て何事にも替えがたく、めちゃめちゃかわいい）。だから、35歳女子にしてみれば、22歳男子とくっつくのは大変なんだ。だって彼はまだ子どもは欲しくないかもしれないよね??（たぶんだけどね‼）このマンガはおそらく一般化してあり、数十億の個々の違いを尊重していないことをお詫び申し上げます

そうそう、とにかく**!!!** イルーズはこういう。

現在のこの状況によって、女性は構造的に弱い立場に追い込まれている。

パートナー選びは限られた時間枠の中で行われなければならないものとなるが、女性は選択の可能性が狭められていくような感覚に陥り、選択を急かされている。

(Illouz, p.76.)

* Illouz, pp.75-76.

その結果、一般的に女性の方が、より早い
段階で自分の気持ちを感じ取り、より情熱
的にそれを表現するようになる。 (Illouz, p.76.)

何を選ぶべきかが変わってしまったので、

女性は感情的なつながりを求めているし、

男性の方は落ち着きたくない。

こうして、男性が女性を**感情で支配する**という新しい支配のかたちが生まれてきた。*

自分の
気持ちが
よく
わから
ない

そんなに愛に飢え
てる様子だと、魅力
を感じにくいよ!

自立した女の子の方が
ずっとセクシー
だと、思うな!

僕がフェ
ミニストだ
からかな?

*Illouz, p.104.

魔法の飲みものを
作っていられるよう、
自分だけの場所と
時間がもう少し必要
だという気がするん
じゃ

わかった、付き合い続けてもいい。
ただし、束縛はしないこと

じゃじゃーん! こうして女たちは、
「新たな19世紀の男」になったのだ!

このこと(身を固めたいという女性の切望に付け込んで、
男性が感情的に優位に立つこと)により、

女性たちは、この切望を
黙するように強いられる。

相手から距離を取ろうとしたり、
束縛から逃れようとしたりする
男性の態度を真似ろ、と。*

*Illouz, p.138.

男性の行動*は
高く評価され、
女性の行動は
低く見られる。

*男も女もみんなじゃないのは知ってる!!

例えば、古典ドラマ『セックス・アンド・ザ・シティ』。サマンサは、古典的な男っぽさを体現していて、性経験豊富で結婚を望まないし、地位も高い。そして、クール。

《愛してる》はいらない
古きよきファックだけ

一方、シャーロットは、結婚して子どもが欲しいと大っぴらに願っている役で、まぬけに描かれている。

完璧な男の人に
出会って結婚するんだから!

これはもちろんこういうこと。男のすることは高く見られ、女のすることは低く見られる傾向があるってこと。

女性が医学部で学び始めると、医師の職業的な地位と給料は下げられた。

同じように、身を固めて家庭を築きたがる、感情表現豊かな「19世紀の男」の地位も下げられた。今は、それは《女性的》なふるまいってことになってるから。

女性も感情を見せず、性経験豊富になることが、男性との関係の中で力を持つ方法のひとつになる。

イルーズは書いている。 イルーズがついに絵で登場、うれしいな！

私の主張は（…）、女性が性的関係を重ねるのは、この手の性行動によって男性が手に入れてきた権力に対する反応であり、模倣だ、ということ

性的に経験豊富だということが男性に地位を与えてくれるなら、（その権力の象徴を）真似る、戦略的に反応するのは、妥当だろう（距離を置きたがる人への最善の対応は、こっちがもっと距離を置くことである）
(Illouz, p.105.)

あのさ わたし自分ひとりで、わたし個人の行動で、しがらみから自由になったんだよ！

今は全然うろたえない女で、**わたしがしたいと思ったら、誰とでも寝るよ**。《彼女》とか《ママ》とか、型にはまったバカ女になりたいとかなしで！

ふーん！ それなら、また興味がわいてきた！

とらわれないセフレの関係をもう2、3年続けてもいいかな

よっしゃ！

映画やドラマに登場する、立派で《クールな》女子は、だいたいこんな感じだよね。男っぽいとされること（例えば、職業ハッカー）によって高い立場にいて、その上、**感情を見せない**し、あっけらかんと性的な関係を重ねていく。

思い浮かばない女性キャラはこんな感じ。「相手の気持ちをひとり占めしたい」という感情に強く突き動かされている、クールで高い立場にある人物。

> 私と結婚したい？
>
> は？ 初対面なのに？
>
> この臆病者め！

ミステリアスな秘密を抱えたセクシーで暴力的な女性警官とか。

——で、秘密っていうのは、「35歳までに子どもを産むのはもう無理ってこと**が超ストレス**になってる」こと。

> 撃つぞ！ 聞いてんのか！
>
> 優しい同僚
>
> おい、落ち着けよ。8歳の万引き小僧だぞ！

> 赤ちゃんを産みたいだけなんだ！
>
> よしよし…

> 今まで会った中でいちばん恐れ知らずでクールな女の子だよ。一秒もためらわず、率直にいったんだ。**すごく生物学的な**願望がある、できるだけ早く妊娠したい、って‼
>
> そういう**クール**な女の子に会ってみたい‼
>
> うちの彼女は臆病で抑圧された女だよ。男のやり方をなんの独創性もなくマネしてて、気持ちを通じ合わせたいっていうのを隠して社会的な立場を得てる

> こういうキャラがいなくてさびしい‼
>
> 思いきりタフで超クールな、子どもが欲しくてたまらないハッカーか警官
>
> とにかく

相手を性的に独占したい、真実の愛がほしい、ヤバいくらい深くつながりたい。そんな欲求は隠すべし、と女性に求める文化がある。その証拠に、**をさらけ出すのは、男から見て魅力的じゃないからって理由で**（そういうの）そういうメッセージがつまった女性向けアドバイス、ヒント、自己啓発本で社会はあふれかえっている。

"bolde.com"というシングル女性向けサイトに載っている記事（ジェシカ・ブレイク執筆）を例に取ってみよう。こんなタイトル。

ウザい彼女になってるかもしれない兆候16

この記事の目的は、「心の支えになってあげられること」をどう隠しておくか、指南すること（心の支えになる女なんてイヤだって男は思ってるから）。以下、間違った行動例。

7.いつも彼の側にいる
グループで出かけたとき、いつも彼の側にいようとするでしょ。レストランで隣に座ったり、帰るときは必ず車の助手席に座るようにしたり。彼の視界にいつもあなたが入っているようなら、それはアウト。彼の空間にあなたがいつも飛び込んできてるみたいだから。

12.自分の気持ちを伝える
彼への気持ちを伝えるのはウザくないけど、やり方は考えないと。長いラブレターを書いてフェイスブックでシェアするとか、彼の気持ちもわからないのに飛びついてキスするとかだと、先走り過ぎ、必死過ぎって思われるかも。

13.記念日の押し売り
デートに誘うのも、《愛してる》っていうのも、旅行を提案するのも全部あなた、って、ちょっと待って！ 彼との関係を最優先にしようとしていて、彼がリードするチャンスをちっともあげてないみたい。

ということで、（ここまで見てきたような理由で
特権的な立場となった）男性の「感情的支配」の結果、
女性は文化的な要請を受ける。親密な関係なんて全然
いらないふりをしろ、そうまでしてでも男をひとり
捕まえるという目標を達成しろ、と。

あら、ちょっとびっくり——
もちろん、何週間、いや、何ケ月
会ってなくてもどうでも
いいんだけどさ！

魔法の鍋から離れてなく
ちゃね。彼の視界に入らない
ようにね！

bolde.comの記事で
覚えたとおりに！！

でもね、誰かと付き合って本当に人間らし
い関係を得る唯一の方法は、その人に
真実を語ること。フロイトみたいな
精神分析医にならなくてもそれくらい、
わかるよね。もしも、さっきのような
アドバイスに従ってしまえば、

（両者ともに）
**真実の愛<small>トゥルーラブ</small>に至る可能性が
弱まっていく**ことになる。

で、つまり**これこそが**、レオナルド・ディカ
プリオが水着モデルに恋をすることは永遠に
ないし、水着モデルが愛を返すことも永遠に
ない、ということの理由にもなるはず。

レオは、立派な男らしさを
維持するために、感情的な距離を
保ちたい。

そして、女性(例えばトニ・ガーン)は――
彼女としての地位を守るために――距離を
保つという男性側の態度を**模倣する**。

（その態度の方が立派とされているから）

そしてそれゆえに「つながりたい、
真実の愛が欲しい」という、
自分の願望に対しては沈黙を守る。

彼女はすごく若いから、半年かそこらは、ディカプリオ
とレンタサイクルでぶらぶらしててもいいや、って
思ってるのかも。別の誰かとの間に、深い独占的な
気持ちのつながりを見つけるまではね）　　　　（あるいは

そうじゃなきゃ**ダメ**だってこどじゃないから、　　　そうかも‼ っていっただけ。
みんな、落ち着いてよ!

$\longrightarrow$

私がいいたいのは、それが《いい》とか《悪い》とか
じゃないんだよ！ ただいいたいのは、その結果、
こうなっているってこと。

NO LOVE

愛の不在

何年もかかってパパスマーフと一緒に
なりました！　イエス！

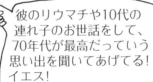

ふむ！　彼女はとっても
スマーフだぞ！　15歳も
若いからな！

彼のリウマチや10代の
連れ子のお世話をして、
70年代が最高だっていう
思い出を聞いてあげてる！
イエス！

ミラキュリクスが私と《ちゃんとした》関係になる心の準備が
できるのをまだ待ってます！

そしてわしはまだものすごーく時間がかかると
感じておる

みな知っておる
だろうが、魔術師
と名乗れるよう
になるには、最低
1万時間を魔法の
薬作りに費やさ
ねばならんの
じゃ!!!

最短で!!!

その4.
世界の魔法
が解ける

1960年、アメリカの詩人ヒルダ・ドゥリトル(H.D.)は、スイスのキュスナハトにあるサナトリウムで療養中。74歳だ。

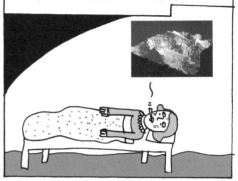

4月、『ニューズウィーク』誌パリ支局長でジャーナリストのリオネル・デュランがインタビューにやってきた。

どうも！

すぐさまH.D.はデュランに熱烈な恋をする。

H.D.はこんな詩を書いている。

なぜあなたは
わたしの最期を苦しめに来たの？
私は老いた(私は老いていた、あなたがやって来るまでは)

いちばん赤い薔薇がほころんでいる
(ばかばかしいこと
　　こんなときに、こんな場所で

不適切で　不可能で
しかも　いささかスキャンダラス)
いちばん赤い薔薇がほころんでいる

(誰にも止められやしない
　空気の中に漂う脅威でさえも

夏の果実をだめにする

あの天気でさえも　止めらない)
いちばん赤い薔薇がほころんでいる

(そこのところはわかって
　おいてほしいのだ)*

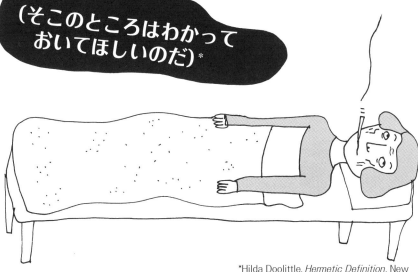

*Hilda Doolittle, *Hermetic Definition*, New Direction Books, 1972, p.3.

デュランは求愛に応じてくれない。

では！
ありがとうございました！

その後『ニューズウィーク』誌は、H.D.の著作に対する否定的な批評を掲載する。デュランが書いたものではなかったが、H.D.は彼が書いたのだと思い込む。

「…魅惑的だ…もったいぶった言い回しに我慢できれば」

その後、9ヶ月かけてH.D.はデュランとの出会いについて、長い詩を書く。

Barbara Guest, Herself Defined: the Poet H.D. and Her World. Doubleday, 1984, p.332.

人生最後の1年に、H.D.は自分の気持ちを**激しく日記に綴っていて**、それを《デュラン日記》と呼んでいた。*

あなたなのか？
とどろきを上げているのは
牡牛か牡鹿の群れなのか？
それとも一頭だけなのか？

（…）
今は失意のどん底
そもそもあなたはいたの？
この部屋にいたことはあったの？

（…）
もっと早くに来なかったのはなぜ？
そもそもなぜ来てしまったの？
どうしてあなたはやって来て
私の最期をぶち壊すのか

私は老いた
（私は老いていた、
　　あなたがやって来るまでは）*

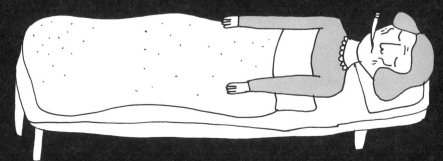

1961年にヒルダは亡くなる。でも、生涯を通じて、恋をするという**すごい**才能というか能力を発揮した。

蔵書印にこんな言葉を入れていたほど。

愛に愛される

最初に付き合ったのはエズラ・パウンド*。まだ10代の頃だ。でも、ヒルダはありがちな異性愛問題にぶつかる。スーデルグラン**の表現だと、エズラは「花を求め果実をみつけた」のだ。彼はいった。

君そのものが詩だ。君が書く詩はつまらないが***

*Guest, p.23.

（詩人でありもちろん詩**でも**あった）ヒルダは、フランシス・グレッグに恋をする。エズラとの共通の友人で美学生だ。*ヒルダはフランシスにいった。

私には双子のきょうだいが必要なんだ

アルテミス的な関係に逃げちゃおうよ

ご存じ、アルテミスはギリシャの狩猟の女神。乙女たちに囲まれて森に住み、男には絶対に会わなかった。

（3コマ目）*訳註：アメリカの詩人、批評家(1885-1972)　　**訳註：フィンランドのスウェーデン語系詩人(1892-1923)
引用は詩の一節。詳しくは訳者解説参照。　***https://www.poetryfoundation.org/poets/h-d

ヒルダは、ギリシャ神話
に魅せられていて、
いわば本気でギリシャ
の神たちを信じていた
んだ。それに、ありと
あらゆる超自然主義や
神秘主義も。

フランシスとヒルダ
は激しい情熱を交わ
した。ふたりとも別の
人と結婚したけれど、
ヒルダはフランシス
のことを生涯忘れな
かった(Guest, p.23.)。

だけど、ヒルダの恋物語の中で、私が気に入っているのはなんといってもこちら。1920年頃、ヒルダは赤ん坊を産んだばかりだった。

でも、夫である詩人
リチャード・オーディントンは
父親ではなく

ヒルダが激しい
プラトニックな情熱を
抱いていた、超下手な
作家D.H.ロレンスも
父親ではなく

D.H.ロレンス
の隣人だった
作曲家セシル・
グレイが赤ん坊
の父親だ。

でも、この男たちはみんな、出産直後というタイミングでH.D.を捨てた。

オーディントンは
気を悪くして、離婚を
切り出す。

かなり前から
アラベラってい
う女の子と
付き合ってる!

すさまじく下手な作家
ロレンスは絶交する。

めちゃくちゃひどい作品
執筆に100%集中したい

そしてグレイ
は親権を引き
受けたくない。

ロンドンで、中枢神経刺激
ドラッグをやりたい!

しかも、父と兄が亡くなったばかりだし、
自分も両胸に肺炎を患って死にそう。
だから、ヒルダはひとりぼっちでちっちゃ
な赤ちゃんを抱えて燃え尽きていた。
赤ちゃんは「フランシス・パーディタ」と
名付けられた（もちろん元カノのフラン
シス・グレッグにちなんでね）。

ウギャァァァァァァァァァァ

そこへ現れたのは、ものすごくリッチな
船主の娘、ブライヤー。

はい、
どうも

実はブライヤーはヒルダの熱狂的なファンで、ヒルダの詩集を読んで、本人に会おうと家までやって来たのだ。ブライヤーはいう。

お子さんを育てるお手伝いをしても？

育児理論に興味があって！

Janice S. Robinson, H.D.——The life and work of an american poet, Scolar Press, 1982, p.263.

さらに ギリシャの島々を巡る船旅に、一緒に行きませんか？

父は船のオーナーで超リッチだから、お金は大丈夫！

船も心配もないですよ！

ヒルダには夢のような提案だ。ヒルダは**完全にハマっちゃってる**ギリシャ神話ジャンキーだし、ギリシャの神々を本気で信じていたからね。

どっちも

イエスで！

ヒルダはブライヤーと付き合い始める。でも、ヒルダにとっては**すこーし**ばかり大変だった。お金を持っているのはブライヤーで、**なにもかも**お世話してくれる。一方ヒルダは、基本的に自分では何もできない。友達にこう書いている。

彼女はいろんな形で助けてくれるけど、私は自由が欲しい*

しかもブライヤーは**マジかってくらいヒルダ**に恋している。ヒルダの愛とは比べものにならない。

何が辛いって、あの娘は私に恋してるってこと

猛烈過ぎて怖い*

*Robinson, p.263.

悪魔か異国の霊に取り憑かれてるみたいなときもある*

*Robinson, p.263.

自分の始末をつけるのは**信じられないくらい**できないくせに、ギリシャ神話への関心は**人並み以上**というのがいけなかった。こうしてヒルダは笑顔を保ち、よい恋人として、ブライヤーの父の船ボロディノ号に乗り込んだ。

絶対楽しくなるよね！

ボロディノ号

船上で、あることが起ころうとしていた。H.D.はそれを「神秘的な出来事」として、後にくりかえし取り上げる。

手紙や詩、散文、15年後にフロイトのもとで受けた精神分析でさえも、この出来事がテーマだった。

(精神分析の予約と支払いは当然ブライヤー)

起きたことを話すよ。船の乗客にはピーター・ヴァン・エックという建築家がいた。*

*本当の名前はピーター・ロデック」だけど、H.D.は自著で「ヴァン・エック」としている。

ヒルダは、ヴァン・エックにそんなに興味もなく、寄港する考古学的なあらゆる場所でブライヤーに付き従い、忠実に正しくふるまっていた。

いろいろ感謝してるよ！

ある日の夕方、ヒルダは船のデッキに上がる。とてもふしぎな夕暮れで、海は紫色だった、とヒルダは書いている。*

右手側を見ると、ヴァン・エック氏が立っていた。

*ヒルダ・ドゥリトル『フロイトにささぐ』(鈴木重吉訳、みすず書房、190頁)

彼はメガネを外していた。ヒルダはこう記述する。「彼の眼は思っていたより青く、霧のかかった青、海の青だ。こめかみのあたりの髪は思っていたほど薄くはない。」＊

アメリカの青春映画で、ガリ勉女子がメガネを外すのとまさしく同じ。ヒルダには突然ピーターがおそろしくカッコよく見えた。

こんばんは

「背も高かった」と書いている。それに、左の眉の上にあった傷跡はもう見えない。なくなっていたのだ。

太陽が沈む中、ふたりはおしゃべりを始める。ヒルダは書く。「私たちはイルカを見た」と。

「そう、あれはイルカだった。」

「イルカの群れに他のイルカの群れが加わり、三日月か半円を描き、リズムをなして水から飛び上がり、ふしぎと納得のいかない模様を作る、イルカの飛行かダンスなのだ。」＊

ピーターはヒルダにいう。

一緒に行こう！

船を降りて、陸に上がろう！*

*Guest, p.124.

でも、ヒルダはあわてた。

ブライヤーを探さなきゃ！

どこにいるんだって思ってるはず！

そのとおり。ブライヤーは食堂で怒っていた。ヒルダを探し回ったのだ。

いったいどこに行ってたの？

ヒルダはいう。

デッキにいたんだよ！

デッキでイルカを見てたんだ、ヴァン・エック氏と一緒に！

すると同席していた船長がこういうのだ。

イルカ?!

うちの電信技手はイルカの専門家だ

イルカの報告は一切ないぞ!!

デッキにいた男性がいつものヴァン・エック氏よりもずいぶん男前だったこと。ふたり以外はイルカを見ていないこと。この事実からヒルダが導いた結論は。

私、**異次元空間**に行ってたんだ!

ずいぶんたってフロイトの療法を受けたときにも同じように自問する。

ブライヤーが私を見つけられなかったんなら、私はどこにいたんでしょう?!*

*ドゥリトル、195頁

前述のとおり、これ以降、この「超常体験」はヒルダの関心事となり、生涯ほぼずっと、この出来事に取り憑かれる。ブライヤーへの説明としても、こういうのよりマシだったからかもしれないね。

だからさ、情熱的な浮気をしてて遅くなったわけじゃ**絶対にないから!**

異次元空間に行っちゃってたからだよ!

ヒルダはヴァン・エックに惹かれ続けた。どうにもできない特別な愛情をずっと持ってたみたい。やりとりも少しはあって、何度か会おうとしたこともあったんだ（ちゃんと付き合うことはなかったけど）。*

*Guest, p.260.

一度なんか、この水晶玉をプレゼントしてくれたんだよ。未来を知りたいときに大いに**役に立つ**ってね

ところで、ヒルダは、残りの生涯ずっと、40年以上も、ブライヤーとともに過ごした。ブライヤーは、ヒルダの娘の育児やその他もろもろ、すべてを助けた。

別れた後、別々の場所で暮らして別の恋人がそれぞれいても、ブライヤーは常にヒルダの味方。
（ブライヤーは他の作家も大勢支援したし、しかも多くのユダヤ人のナチスドイツからの逃亡も助けたし、**さらには自分でもたくさん本を書いたんだよ**)

だから、私たちの関係を悪く描くのは**やめてよね!!**

私を狂ったファン扱いするのも!!

はい、ごめんよ!!

まあ、とにかく！　長年こんなふうな議論がされている。　ヒルダの船上の体験はどっちだったのか？　1)超常現象である。

2)ただ単にメガネを外すと異様にカッコよくなる男子に一目惚れしただけである。　でもね、どっちも同じことだと考えてもいいはずなんだ。つまり、恋を患うということも、超自然的な／神秘的な／説明不能な体験であるってね。

かつて愛はこう見なされていた。恋愛体験そのものが、**魔法のようで理論で説明できない**、私たち人間の理解が及ばない遠いところにあるものだ、と。

しかし、近代化によって、私たちは、科学的かつ合理的な見方で世界を認識し始めた。これを社会学者マックス・ウェーバーは《世界の魔法が解けていく》と表した。

宿命だ！

エロスの矢だ！

起こるべく意味がある！

魂の結びつき！

探していた片割れ！

すべて説明したいし、理解したいんです。**信じるんじゃなくて**

現代的な人々（覚えてる？）

世界は科学で説明できるものになった。すると、「愛とは何か、愛はどう機能するのか」を解明しようとする膨大な量の記事や研究が生まれる。*

ラトガーズ大学、ヘレン・フィッシャー博士の研究チームによると、情熱的な恋愛は以下の3つの要因に分解できる。すなわち、性欲、恋愛感情、愛着であり、それぞれが神経伝達物質の組み合わせによって特徴づけられている（表1）。

性欲
テストステロン
エストロゲン

恋愛感情
ドーパミン
ノルエピネフリン
セロトニン

愛着
オキシトシン
バソプレシン

＊ハーバード大学「SITN」2017年2月14日付

愛はもはや、(人間には)理解不能な
かたちで人生を左右する不思議な力と
は見なされていない。専門家によって
説明可能なものだ。

専門家に訊く:恋の持続期間*

ルンド大学の化学教授ウルフ・エルヴィーク
はこう説明する。ヒトの恋愛感情は1年から
2年持続する。これは私たちが期待を抱いて
いるからで、その期待が満たされると私たち
は報酬物質を得る。

恋愛感情が続く期間	
ヒト:	1~2年
イヌ:	3ヶ月
ゾウ:	数日
鳥類:	数分
出典:	ウルフ・エレヴィーク

愛が生まれる原因は、秘められた魔法なん
かじゃなく、博士号を持つ男によって割と
簡単に暴露されてしまうものなのだ。

ダリオ・マエストリピエリ
博士(『ゲームをするサ
ル』*著者)

愛とは何か、どこから来るのか。

脳が発達することで子どもは
脆弱になり、より保護を必要と
するようになる。父親も
子育てに関与する必要性から
子どもを育て上げるまで男と女が
共に過ごす理由を自然選択が
ひねり出したのだ

解決法は、情熱的な恋愛と成熟した愛情だ。*

*訳註：河合信和訳、雄山閣、2015年

* 「Psychology Today」 2012年3月26日付 (Dario Maestripieri, The evolutionary history of love)

イルーズはこう述べる。

この手の研究の結果、愛を神秘的かつ
精神的なものと見なす考え方は、新たな
生物学的な物質主義にすりかえられてしまう。

こうして、感情は無意識の化学反応へ、
愛の体験は生理学的な出来事へ、と
さほど意味のないものに降格させられる。*

*Illouz, pp.167-168.

これも、この章の
本来のテーマの説明に
なるかもしれないね。

つまり、
なぜ愛は、ディカプリオに
（あるいは私たちに）
魔法をかけることが
できないのか？

イルーズはこう考える。
愛の感情や体験に理由
をつけようとすると、

《愛》という気持ちの
中にある強い情動も、
愛を信じる気持ちも、
弱まってしまう。

*Illouz, pp.168-169.

何かを学術的に定義する目的は、
原因を見つけ出すこと。
だから特殊でいい表せない、
非合理な感情とつながる体験は、
必然的にすべて矮小化
されてしまう。*

ここまで強く感じ合えるなんて！

研究によるとパート
ナーとの出会いを
こう表す人が87%
いる！

こんなふうに。
ボロディノ号の船上で、
H.D.がヴァン・エックに突如として
熱烈に恋をしたことを進化生物学的に
説明しようとするなら——魔法の目的
は、子どもをもうけて一緒に育てたい
とふたりが思うため。

そして、10代の頃にH.D.がフランシ
ス・グレッグに夢中になったのは、
子どもをもうけて一緒に育てたいと
ふたりが思うため で——

さらに、74歳のヒルダが『ニューズ
ウィーク』誌の記者に突然ものすごい
一目惚れをしたのも、進化の観点では、
ふたりが気持ちを通じ合わせて共通
の子孫を作って世話できるように
なるため。

そんなふうに考えていくと、

こうした体験は、まったく特別でも神秘的でも、言葉にできないものでもなくなる。
特別な意味とか大きな意味だってない。脳内でホルモンがいきあたりばったりに
分泌された結果だというだけだ。

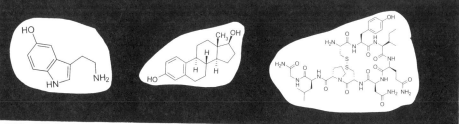

*訳註：構造式は左から順に、セロトニン、エストロゲン、オキシトシン。

愛の感情は、交換可能な対象に見境い
なく向けられる、進化生物学で説明が
つく衝動だ。こう考えるのは
ロマンチックな恋愛観とは**真逆**。

ロマンチックに考えると、こうした体験は
**完全に唯一無二で、どう考えても
他の誰かじゃだめで、その気持ち自体が
信じられないほど意味のあるものだ。**
運命的、すーごく特別、というか。

さらに科学は、愛を副産物へと矮小化
する。愛自体は本質ではなく、目的に
たどりつくまでの手段なのだと。その
目的とは、**種の継続**だ。

バーディタ

イルーズいわく。

このような科学的な解釈は、恋愛に関する昔ながらの情熱的な考え方をするっと一掃してしまうわけではなく、

拮抗し合っていくのだが、最終的には昔ながらの考え方を崩してしまう。

※Illouz, p.169.

イルーズの引用によると、社会学者の
ニコラス・ゲインはこう主張する。
非科学的な説明が科学的な説明より
も優位にあることもある。経験その
ものを包括的に扱うからだ。*

非科学的な説明の
方が科学的な説明
よりも優れている、
ということもある

非科学的な説明は全体論
ホリスティック
的で、私たちが経験した
すべてから引き出された
ものだからだ

逆に、科学的に説明しようとすると、
全体としての経験から、認知的にも感情
的にも離れてしまう、とゲインはいう。*

経験について
科学的に説明される
と、自分が感じた
ことに対しても
距離を置くことに
なるのだ

イルーズはこう書いている。

つまり、科学的な説明は、情熱的な体験
と、愛はどこか神秘的で不合理なものだ
というイメージをつなぐ意義深いもの
を壊してしまう。

しかも、科学が愛を無意識に起こる化学反応
だ、進化上のしくみによるものだ、と見なす
ことで、

愛が神話になること、
超越的な力に変わることは、
よりむずかしくなる。*

近代の優れた市民として私たちは科学的でありたいし、ばかげた迷信にだまされるなんてごめんだ。

ディカプリオには聞こえる

自分の豪邸の

幽霊の音が

英国のテレビ番組「ロレイン」のインタビューで、ディカプリオは語った。「（怯えてるんだ、）自分の家で

では時々変な音がしてて、夜中に起き上がって、誰も侵入していないか、確かめないといけないんだ。

うち

なんかギーギーいうような──ほら、気持ち悪い幽霊の音。

でも、幽霊なんて信じてないよ。

* 「The Occult Section」 2014年1月14日付

たぶん風のせい

でなきゃ、家の建て付けのせい」*

ひょっとすると、この考え方が、自分に
起きている現象を認めるのをすごく
むずかしくしているのかも。あなた
(あるいはレオ)が、ポーランド出身の
ビキニモデル、エラ・カワレクへの
欲望で死にそうで、ズキューン、ひざは
ガクガク、魅了されるのはなぜか?

なぜなら、超自然的な愛の力に襲われ
たから。これは運命だから。心の奥底に
秘めた願いが実現しようとして
いるから。だって僕らは惹かれ合う
ふたつのピースなんだから……。

いや!
違うね→

そう認めるかわりに、あなたの感情は、理性と科学のパラダイムにむしばまれ、弱められていく。

だから、母なる大地に魅惑され、負かされ、欺かれることが許せない（母なる大地がその無限の賢さから、魅惑され負かされ欺かれる才能をあなたに持たせてやったのに）。

そして、自分の状態をこんなふうに説明する。

やっと!!! 最後まで来たよ!!
よろしくね!!

その5.
死ぬのが
超下手だ

みんな愛するのがおそろしく下手だ。
なんと1950年代からそう主張して
いたのは、哲学者で精神分析家の
エーリッヒ・フロム。

みんな愛する
のが超下手
だって、
1950年代に
もう主張した
んだよ!

フロムはこう語る。私たちはみんな
間違えている、ふつう人はまず**愛され
ようとする**。自分が愛するのではなく
てね。*

あなた方は、
自分が愛する
のではなく、
まず**愛され
ようとする**

でも、力を注ぐべきは、みんなの愛を
得るため、**運命の人**や**完璧な人**に会う
ために、魅力的な人気者になること
ではない。愛を**与える**訓練をすべきだ、
とフロムはいう。

規律、集中、忍耐の修練を通じて、
愛を**与える**技術を習得すべきなんだ!*

*フロム、165頁

愛を**与える**ことが
愛を生み出すからだ。
フロムはこう述べる。

愛とは愛を生む力!*

愛は何よりも与える
ことであり、もらう
ことでは
ない**

*フロム、46頁　**フロム、43頁

つまりは
星の王子さま
の場合と
同じ。

サン＝テグジュペリの古典
児童文学を覚えてるよね!
そう、王子さまは1本の
バラを愛している──

エーリッヒ・フロム『愛するということ(新訳版)』(鈴木晶訳、紀伊国屋書店、12頁)

安倍政権時代

空疎な7年8カ月

高野 孟 著　　1500円+税　四六判並製
ISBN978-4-7634-0942-3

安倍政権とは何であったか
——歴代最長の政権は、史上最悪の政権ではなかったのか?

数々の疑惑を解明しないまま突如辞任した内閣総理大臣・安倍晋三。21世紀の衰退する大国に現れた彼は、「亡国の総理」としてその名を歴史に刻むのか——安倍政権を見つめ直す同時進行ドキュメント。

パンデミックの政治学

「日本モデル」の失敗

加藤哲郎 著　　1700円+税　四六判並製
ISBN978-4-7634-0943-0

新型コロナ第一波対策に見る日本政治——自助・自己責任論の破綻

なぜPCR検査を受けられないのか。経産省主導の官邸官僚政治、アベノマスクの真相、WHOをめぐる国際的な情報戦……2009年メキシコで新型インフルエンザ流行を体験した政治学者は、2020年日本の新型コロナ対策に731部隊の亡霊を見た。

コバニ・コーリング

ゼロカルカーレ 作　　1800円+税　A5判並製
栗原俊秀 訳　　ISBN978-4-7634-0938-6

戦争とは?

イタリア人漫画家は、対イスラム国(IS)防御の砦となったシリア北部・クルドの町で何を見たのか。イタリア人気No.1漫画家による12万部超えのルポルタージュコミック、ついに日本上陸!

「心に自由と人間らしさを持っているなら、男だろうが女だろうが、コバニに駆けつけるべきなんだよ。」

介護離職はしなくてもよい

「突然の親の介護」にあわてないための考え方・知識・実践

濱田孝一 著　　1500円+税　四六判並製
ISBN978-4-7634-0944-7

その時、家族がすべきことは何か?

「親の介護に直面した時にすべきこと」「介護休業中は介護してはいけない」「在宅生活か高齢者住宅か」——介護休業の取り方と使い方、介護施設の選び方まで、現場と制度を知り尽くした介護のプロフェッショナルがやさしく指南。介護離職しない・させない社会へ——

リッチな人々

ミシェル・パンソン、
モニク・パンソン=シャルロ 原案
マリオン・モンテーニュ 作
川野英二、川野久美子 訳
1800円+税　A5判並製
ISBN978-4-7634-0934-8

あっちは金持ちこっちは貧乏、なんで? フランスの社会学者夫妻による、ブルデュー社会学バンドデシネ
岸政彦氏(社会学者)推薦!

わたしはフリーダ・カーロ

絵でたどるその人生

マリア・ヘッセ 作　宇野和美 訳
1800円+税　A5判並製
ISBN978-4-7634-0926-3

「絵の中にこそ、真のフリーダがいる。」
フリーダ・カーロの魅力と魔力
作品と日記をもとに、20世紀を代表する画家に迫った スペイン発グラフィックノベルのベストセラー。

未来のアラブ人

中東の子ども時代 (1978—1984)

リアド・サトゥフ 作　鵜野孝紀 訳
1800円+税　A5判並製
ISBN978-4-7634-0894-5

第23回メディア芸術祭マンガ部門
優秀賞受賞作!

シリア人の大学教員の父、フランス人の母のあいだに生まれた作家の自伝的コミック。
――池澤夏樹

未来のアラブ人2

中東の子ども時代 (1984—1985)

リアド・サトゥフ 作　鵜野孝紀 訳
1800円+税　A5判並製
ISBN978-4-7634-0921-8

シリアの小学校に入学した金髪の6歳を待ち受けるものは…待望の第2巻!
イスラム世界の厳しさに気づいていく。
――ハーフィズ・アル=アサド独裁下のシリアで生きる小学1年生の記録。

コロナ時代の世界地図

激変する覇権構造と進む多極化

田中宇 著
900円+税　四六判変形並製
ISBN978-4-7634-0937-9

ついに軍産支配の終焉か?
"隠れ多極主義者"トランプが描く、米国覇権放棄のシナリオ。そして、対米従属から対中従属に向かう日本。コロナ時代に突入した世界は、こう変わる!

コロナ後の世界は中国一強か

矢吹晋 著
1500円+税　四六判並製
ISBN978-4-7634-0933-5

感染はどこから始まったのか。米中で激化する発生源論争。
パンデミックを契機に、米中は中国が主導権を握る「新チャイメリカ」体制に突入した。中国で何が起き、どうして覇権が逆転したのか。

学校と教師を壊す「働き方改革」

学校に変形労働時間制はいらない

大貫耕一 編著
1000円+税　A5判ブックレット
ISBN978-4-7634-0941-6

学校崩壊を防ぐために、いまできることと 教員不足と多忙化で疲弊する教育現場。現実を踏まえない「働き方改革」=1年単位の変形労働時間制導入の問題点とは。

弁護士になりたいあなたへ Ⅲ

青年法律家協会弁護士学者
合同部会 編
1500円+税　四六判並製
ISBN978-4-7634-0936-2

「人権の砦」として法廷でたたかう大変だけどやりがい十分、等身大の言葉で語る人権弁護士たちのメッセージ。
さあ、あなたも一歩を踏み出そう!

そして、バラが元気で
いるよう、世話にすごく
時間をかけている。

でも、ある日の散歩中、王子さまはバラでいっぱいの庭
にたどり着いてしまう。

王子さまはひどく悲しむ。自分のバラは、この世にたった
１本だと信じていたのに、そっくりなバラがこの庭だけで
5000本もあるとわかったから。

(『スポーツ・イラストレイテッド』誌の最新水着特集号をめくるレオも
同じ気持ちだったのかも)

王子さまはいう。

珍しい、得難いもの
だと思ってたのに、
ただのふつうの
バラだったなんて！

でもキツネと話して、
自分の間違いを悟る。

そしてバラたちのところへ
戻っていく。

君たちは僕のバラと
全然違う！

君たちの
ことは
なんとも
思わない

そりゃ、通りすがり
の人なら、僕のバラ
に似てる――ってい
うかもね！

でも、僕の
バラは君たち
みんなよりも
大事なんだ

僕が水をやったのは
あのバラだから。
ガラスの覆いを
かけてやったのも

衝立で守ってやったのは
あのバラだもの

聞いてやった
のはあの
バラの不満

自慢も
聞いたよ

黙ってたときだって、
聞いてやったんだ

僕のバラ
だからね*

*アントワーヌ・ド・サン＝テグジュペリ『星の王子さま』

87

王子さまがまさにあの
バラを愛する**理由**は、
まさにあのバラに**愛を
注いできたから。だからこそ、**
すべてのバラが同じ価値を
持つのではなく、
１本の特別なバラ
への気持ちが生まれるのだ。

愛を注ぐことで、王子さまはバラに
《他者性》を**与えた。**

本書の冒頭で考えた
とおり、《他者性》は、恋している人に
不可欠なものだ。この恋の対象は、
比べようがない、代えがたい
ものだと見るために。

でも、残念ながら前述のとおり、フロム
はこう述べる。現代の私たちは愛を**与え
る**技術の訓練を全然せずに、どうすれば
自分が愛されるのかばかりを気にして
いる。

主に男性が用いる方
法は、社会的に成功し、
自分の地位で許され
るかぎりの富と権力
を手中におさめるこ
とである*

* フロム、13頁

主として女性が用いる手は、
外見を磨いて自分を魅力的に
することである*

注意！　これは1950年代の台詞！　今は男性も
外見を気にする！　男性もボトックス 男女平等
が成功したね！　エヘン！　泣けるよね〜。

* フロム、13頁

いずれにしましても！　私たちはみんな愛を得ようとし
て、成功すること、カッコよくなることに**完全に**執着し
てるけど、フロムによれば、それが愛につながることは
まったくない。

*「スウェーデンテレビ」2018年4月5日付

**スウェーデン人のスキンケア
関連の消費、EU最大***

ほぼ世界中で整形手術が
増え、肌をなめらかにす
る手術が人気だ。

*「SELF」2017年4月12日付（J. Sinrich）

**フィラー注射と
ヒアルロン酸が、
整形手術の
いちばんの
トレンド***

人気の理由は自然な見た目

私たちの表情は心の動きと**強く**結びついている、という研究者もいる。

この説によると、周囲とコミュニケーションをとる最も基礎的な手段が表情だ。ちょっとした顔面の動きで、心理状態が相手に直接伝わる。

つまり、理解し合うためのいちばん原始的な方法だってこと。

君はうれしい

君は僕に興味があるんだね

顔面の筋肉と肌の動きが、心の動きそのものに影響を与える、とまでいう研究者も。*

笑ってうれしい気持ちを脳に伝えてるんだ!

エヘへ

興味がある顔をすると《興味》の感情が

信号で脳に送られて

興味があるって**感じる**ようになるんだ

*Marianne Sonnby-Borgström, Affekter, affektiv kommunikation och anknytningsmönster, Studentlitteratur, 2005.

こう考える研究者もいる。肌にボトックスを注射すると微妙な顔の動きが変わるので、**本人としては**気持ちを**感じる**人間らしい力が衰えるかもしれないし――*

僕の気持ちは?

当然ながら、顔面の繊細な動きがなくなると、**相手にとっての**理解もさらにむずかしくなるかもしれない。

君の気持ちは?

*Eric Finzi, The Face of Emotion: How Botox Affects Our Mood and Relationships, Plagrave Macmillan, 2013.

というわけで、「美しく」*なって愛を**得よう**とする試みは、またしても**明らかに逆効果**。おそらくは美容整形によって、

他人から**見てもらい**、理解してもらう可能性を逆に**減らしている**かもしれない。

それに、

自分自身の気持ちを**感じる**ことも。

たぶんだよ!

フフフ! たぶん、かもね、かもよってだけですからね、みんなー!!!!

*ある意味で

とにかく

ベラベラしゃべり続けたり、5000本のバラ全部に愛されようとしたり、《運命のバラ》というか、ましなバラを探し求めたりせず、

王子さま

のようにひとりに愛を注ぐために必須の条件がある。それは終わりにする力だ

僕はあの花を愛してる

でも、後期資本主義時代を生きる私たちは、なんと、終わることや決めることもめちゃくちゃ下手。こう考える哲学者たちもいる。フロムいわく。

（資本主義では）人生にはもはや、前進する以外に目標はなく

公平な交換の原理以外に原理はなく

消費以外に満足はない*

*フロム、156頁

ビョンチョル・ハンはこう述べる。
資本主義経済の下、純粋な資本の追加と蓄積によって奪われたのは、

終わりにする能力だ。

最終的な終わりはもちろん死。これは、現代文明に生きる私たちが超下手なこと。

人間はずうっと死ぬのが下手だったのかもしれないけど、私たちは史上稀に見る下手さなのでは、という気がする。

私たちがすごく死を遠ざけているのがよくわかる具体例：
①外見の老化を遅らせたがること。
②（そうできる人は）常により若い相手を探していること。
③《健康》への盲信的な執着も。

《健康》は、現代人にとって唯一の関心事かな？

最後の望みは？

身体にいいビーツのジュース

ハンは、現代における死の不可能性について、ヘーゲルの「主人と奴隷の弁証法」を例に論じる。

「ヘーゲルは生死を賭けた闘いを描いている。闘いに勝つ方、すなわち主人となる方は、死をおそれない。」

「自由になりたい、認められ、他人を卓越したいという欲望によって、彼は剥き出しの生など気にも留めなくなる。」

（《剥き出しの生》は哲学の概念。
大まかには「ただ生きているだけ」という意味で、生き方の善悪は問題ではなく、ただ痛みを避けて享楽を得ようとすること。）

ハンは続ける。

「奴隷になる方が服従するのは死への恐怖のせいである。迫りつつある死を恐れ、服従を選択する。彼は《剥き出しの生》にしがみつく。」

「いずれかの身体的優位性が勝敗を左右するのではない。むしろ決定打となるのは《死の能力》だ。死ぬ自由を持たない者は、自分の生を危険にさらすことはない。」

「奴隷となる側は、《自ら死に挑む》のではなく、《死に近づかない》ようにし続ける。死を危険にさらさないのだ。だから奴隷となって労働する。」*

ハンによれば、業績追求の現代人はヘーゲルのいう奴隷に似ている。唯一違うところは、「主人のためではなく、自発的に自分自身を搾取している」こと。

ハンいわく。「私たちは今、主人と奴隷が一体となった、歴史的な闘技場にいる。」*

最近は自分を奴隷にしてるんだ

ハンは続ける。
「資本主義は『剥き出しの生』を絶対化する。

善き生は目的（テロス）にならない。

資本主義は、死から遠ざかろうとする。富の蓄積の面で、死は完全な損失だから。」*

*Han, pp.28-29.

*Han, p.30.

*Han, p31.

*Han, p.33.

ハンはこう述べる。

ヘーゲルのいう奴隷は意識が制限されていて、完全に終わりにする力がない。彼は自らの意識を放棄することができない

つまり、死ぬことができないからだ*

*Han, p.34.

だが、終わりがなければ、すべては移ろい、あいまいになっていく*

優柔不断、決定する力がない。これらが、うつの兆候として挙げられるのは偶然ではない

うつは、可能性が過度に開かれ、何かを終わらせたり決めたりする能力が失われている現代特有のものだ*

*Han, p.34.

でも、ハンがいうとおり

愛は、完全に終わりにすることだ。

自らの放棄である死を前提とするから、絶対なのだ。*

*Han, p.33.

愛の本質は、まさに自意識を放棄することにある

自らを、もうひとつの自我の中に忘れること*

*Han, p.33.

*ジョルジュ・バタイユ『エロティシズム』(酒井健訳、ちくま学芸文庫、467頁)

ハンは、フランスの哲学者ジョルジュ・バタイユ(1897～1962年)の言葉を引用している。

性愛は、私たちの内部で死のように存在する*

これを念頭に、またあの問いに戻ろう。レオはなぜ**ひとり**の女の子を選ばないのか。

なぜ、13世紀のイスラム神秘主義者の詩人ルーミーの詩に描かれる運命を生きないのか。 →

海が恋人のように迫ってきたなら

その場で海と結婚なさい

すぐに

後生だから！

ぐずぐずしないで！こんなことはもうないから

たとえ探し求めても、手に入らないのだよ

完璧なハヤブサがなんの理由もなく肩にとまったなら

あなたのものだ*

*Rumi, "The Seed Market", "One Handed Basket Weaving: Poems on the Theme of Work, Maypop Books,1992, p.119.

そして、誰か（例、ニーナ・アグダル）に心を決めるとか誠実であると誓うのは、死ぬようなもの。でも、私たちは死ぬ気になれない。だから、このあいまいさの中に存在し続ける。すべては移ろい、いつまでたっても始まらないし、終わらない。

そのかわり、人生は果てしなく続く、長い自転車の旅となる。ドレスや水着を見せびらかす仕事の人たちを大勢お伴にする旅だ。

ハンはこう書いている。

愛の告白とは誓いであり、完全な、そう、崇高な結びの言葉だ。

資本主義経済における、資本や富の蓄積をしのぐものだ。

愛の告白は、時間を引き延ばし、光が差す場所を生み出す。

誠実であることは、それ自体が終わりの形であり、時間の中に永遠を導き入れる。

その瞬間の中に永遠を封じ込めるのだ。*

・・〜 この章おしまい 〜・・

ETT ANNAT DU PÅ EN MINUT

あんたのかわりはすぐに見つかる

歌手のビヨンセは「Irreplaceable」という
曲を作ったことがある。

<ruby>取り替えられない<rt></rt></ruby>

その曲に登場するカップルは男が浮気して
いて、それに気づいた女は、荷物をまとめて
家を出て行け、と男にいう。

作詞・作曲は、エスペンとかケッティルみたいな名前の
何人ものノルウェー男子*で、メガヒット曲になった。

**訳注：ふきだし内はノルウェー語（や似非ノルウェー語、特産品などなど）

歌詞はこう。

左だよ、
左

あんたのものはみんな左の箱へ

作詞・作曲　Mikkel S. Eriksen, Amund Bjørklund, Beyoncé Knowles, Espen Lind, Tor Erik Hermansen, Shaffer Smith

98

この曲はテーマソングだと
いってもいい。本屋や歌や映画など、
いたるところで売られている、
「どういう態度で恋に挑むべきか」
という、ある種の愛のとらえ方
を讃える歌だって。

このとらえ方はいわば
「自己強化フェミニズム」で、
これまでとは違う考え方で行動せよと、
女性を再教育するのが目的だ。
そうすれば女性たちは、
①自由になれるし、
②幸せな愛をつかめるから。

これを《あんたのかわりは
すぐに見つかる主義》と
呼ぶことにしよう。

この主義というか恋愛観には、いくつかの要素が含まれる。例えば——

1. 決めるのは**あなた**。

誰かに恋するのも、その恋愛を終わりにするのも、**あなたが**自分で決めればいい。

2. 行動次第で、「無痛」恋愛は可能だし、恋愛で苦しむこともやめられる。

最終目標は、恋愛で苦しむのを終わりにすること。

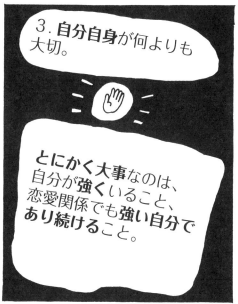

3. **自分自身**が何よりも大切。

とにかく大事なのは、自分が**強く**いること、恋愛関係でも**強い自分で****あり続ける**こと。

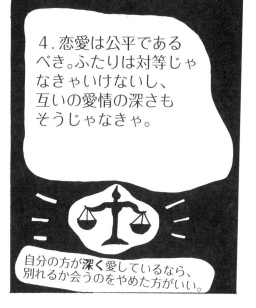

4. 恋愛は公平であるべき。ふたりは対等じゃなきゃいけないし、互いの愛情の深さもそうじゃなきゃ。

自分の方が**深く愛している**なら、別れるか会うのをやめた方がいい。

《あんたのかわりはすぐに見つかる主義》は、ロマンチックな理想のせいで（女性が）ひどい目に遭うことに対抗すべく現れた感はある。自己犠牲、抑圧、沈黙、卑下などを強いられる状況への対抗だ。

でもこの「自己強化」の理想主義、《あんたのかわりはすぐに見つかる主義》は、ホントに**効果を保証**できるのかな？いや、だからさ、

ホントにこのとおりにすれば、幸せな愛を手に入れることができるのかな？？？？？ ？？？？？

「恋の始まりがどう描かれているか」からまず見ていこう。

あの曲が訴える恋愛観は「恋愛がいつ始まりいつ終わるかを自分で決めることができる」という考えがもとになっている。

ということは、もし「あんた」が「私」にひどくあたるなら、「あんた」に恋するのをやめて「別のあんた」を見つけるし、そう決めるのは「私」だ。

対して、例えば古代ギリシャでは、恋愛は神聖なもので、アプロディテとその息子エロスが司ると考えられていた。恋や欲望がいつ終わりいつ始まるのか、その判断は**神たち**が行った。

パタパタ

人類史上最古のテクストにもアプロディテへの祈りと賛歌が登場する。サッポーが書いたものだ。サッポーは若い女たちに囲まれてレスボス島に住み、アプロディテを讃える自作の詩を竪琴の演奏にあわせて歌った。

アプロディテよ、お助けあれ

アプロディテだけが力をお持ちです

愛を呼び起こし、消す力

人を思うがままに動かす力を持つのはアプロディテ!

《アプロディテに捧ぐ歌》で、サッポーは(自分のお目当ての女の子に対する)自分の祈りを女神が聞き入れてくれた、と書いている。

逃げているのならすぐに追いかけるようになる

愛していないならすぐに愛するようになる

己の意にそわずとも*

ボロン

*サッポー「アプロディテに捧ぐ歌」

この詩に出てくる女の子にはまったく決定権がなく、神々しい力によって有無をいわさずサッポーを愛するよう強いられる。

現代ではアプロディテはセクシーな愛の女神として知られているけど、ギリシャ神話では危険な暗い面も見られる。

彼女は強大な力の象徴。猛烈な欲望を呼び覚まし、自制心を失わせ、暮らしや家や社会全体を徹底的に破壊し、途方もない痛みと苦しみをもたらす。

同時に、人々を結び付けて社会を造り上げ、幸せな気持ちやこの世のものとは思えない享楽を生みだすという魔法のような、愛のポジティブな面もある。

女神は（他のギリシャの神々と同様に）善悪を超越している。

アプロディテは傷を負わせ、傷を癒す。

同時にね。

もちろん、わざわざ古代まで
さかのぼらなくても、
同じような愛の始まりに
ついての概念は存在する。

愛とは、私たち人間はただ
服従するしかない、説明の
つかない予測不能な力だ、
という考え方ね。

例えば、1845年にキルケゴールがこう
表現している。

愛を呼び起こす
ものは、説明の
つかないものだ

そうさ、言葉にするのは簡単でも、
理解できるかといえば無理だ

理由もわからないのに、やたら
転んで亡くなったり、けいれんを
起こしたりすると、どんなに不安か

でも、愛というのは、そんなふうに
人生に立ち入ってくる！*

とにも
かくにも
→

*Kierkegaard: *Texter och citat i urval*, Artos & Norma, 2013, p.72

（あのノルウェー男子たちがビヨンセに歌わせた）
「自己強化」第一の愛で**起きている**のは、
自分自身を神の領域まで引き上げようとしていること。
つまり、すべてを左右するのは**私**だ。

この私が愛そのものに火を付けたり消したりできるんだ。

──この手で。

自分で自分を
エロスの矢で
射る

恋がうまくいか
なきゃ、自分で矢
を抜くよ！

愛は不思議で
説明のつかない
神々しいものではなく
自分で成し遂げること
ができる、コントロー
ル可能なものなのだ
とする考え方。

ケッティル

この考え方、覚えといてね！

──哲学者ビョンチョル・ハンに
ちょっと戻るからね。イヒヒ！

ハンの主張によれば、これは、私たちが **ちょうど今** 生きている（！）時代を **象徴** する 考え方ってことになる。つまり後期資本主義の 「**業績社会**」に特有の考え方なのだ。

自由になれる、とみんなが
望んだから《すべき》社会から
《できる》社会に資本主義が
変化したわけではない、
とハン。それが、人々を規律
に縛り付け、隷属させるのに
よりよい方法だっただけだ。*

*Han, p.15.

ハンいわく。

自己搾取は、他人による搾取より
ずっと効率的だ。自分は自由だと
思っているからね

そうやって、
支配なしでも
搾取は可能に
なる*

ハンによると、生産性を上げるために「可能社会」へ変化した。
自分でやる気を起こして計画を立てて決めてくれれば、
ムチや命令で強いるより、よっぽど生産性がアップするからね。

1日12時間働いてて
休みなんかない

ご主人様の命令だ

ちぇ、
ちくしょう、
あんなやつ
大っ嫌い

さぼって
やる

グレーータ!

1日12時間働いてて
休みなんかない

起業した
自分の会社で

自分が
働きたいから

目標を
達成したい

夢もね

I CAN
DO IT

不可能な
ことはない

すべてやる気次第

もうちょっと
頑張らなきゃ

ふう

プルル

(だけど)規律社会では、たとえ《すべきだった》ことが うまくいかなくても、赦してもらえたり罪が軽くなる 可能性が残っていた、とハンはいう。

規律社会では罪と赦しの両方が 存在したけれども、業績社会では 罪が課されるだけ。

えーっと何の話だっけ？

そうそう、私たちは「自分が何を達成したのか」と、「できるはずだ」と考えることが最重視される世界に住んでいる。愛についても達成度が問われる。

私たちは、《自分自身の行動》次第で、ネガティブ要素ゼロの幸せな愛を経験《できる》し、そうじゃなきゃダメだ。

この考え方のせいで、恋愛が《うまくいかない》のは自分が悪いから、という気持ちになってしまうわけだ。

「業績社会」以前は、愛で心を痛めるのは不運な巡りあわせによるものだとされたのに、

ああやだ、私、不幸な星の下に生まれたんだ！

心理カウンセリング的な「業績文化」がはびこる現代では、例えば、浮気されたり、誰かに《選ばれる》ことが全然なかったりすると、たいてい、本人の責任になる。

彼が浮気してる　　ああやだ

《私が》悪い男を選んでしまうんだ。幼少期からの悪い癖で、《じっくり話す》ことをしないせい

幸せになりたくて彼に依存

《私の低い》自尊心のせい

健全でも普通でもない

もう10年も、幸せな恋愛してない

本気で自分と向き合わなきゃ

現代の女の子たち

これについてはイルーズが書いている。

こうして、恋愛で不運な目に遭う——
というか《うまくいかない》人は、
感情的な痛みを受ける だけ
ではすまされず、

人格形成の基盤である自尊心
までが非常に危うい状態に
追い込まれてしまう。*

* Illouz, p.148.

今までの彼氏、
みんなバカばっかり!

私って、
ぞっと
するくらい
負け犬で
ダメ人間!!!!

さらに、愛という現象は、達成度を測るものでは**あるはずがない**とハンは考えている。

愛とは、業績や《できる》の論理を**超越**したところにある、他者との関係なのだ*

*Han, p.18.

できないということが**可能な状態**でのみ、他者は出現する

他者との幸せな関係は、ある種の失敗のように見える

つまり、恋をするというのは、何かを成し遂げることの**真逆**であるともいえる。恋することは（業績社会の視点では）、むしろ**しくじる**こと、**お手上げ状態になること**、つまり屈服に近い。

*Han, p.22.

「なんでもできる、自分で率先して選び、計画・実行していこう」と謳う業績社会では、**傷を負わせ情熱をあおるもの**である愛に誰もわざわざ手を出さない*

まあ、恋をするっていうのは、
まるっきり無力になること。
手も足も出ない、いうなれば
ケバブミートみたいに、油っ
ぽい屋台の中で延々と回って
いて、**焼かれる**以外には**どう
にもできない**、どうしようも
なく救いようがない。
~~私たち~~は ある願いが込められた
場みたいなものでしかなくて、
その願い、たったひとつの
願いというのは、ケビン（とか
なんとかいう）おバカな男子と
お近づきになれますように
――ってこと。

ということで、こうして見てきた結果、《あんたのかわりはすぐに見つかる主義》は……

——つまり、あなた自身が自分の業績（イコール自尊心と自らの決断）によって、司法試験やダイエット計画を成功させるみたいに、自分で頑張れば真実の愛（トゥルーラブ）を**生み出す**ことができるという考えは……

今のところうまくいかない。だから、「自己強化」で真の愛を得ようとする方法は失敗と認定されるし、自尊心は**さらに**傷つけれられるだけ、ということになる。

あ…う…

ふふ、それではみなさま、「あんたのかわりはすぐに見つかる主義」の第2要素にまいりますよ……

……すなわち後期資本主義の「自己強化」論は「無痛」恋愛は**可能**だと保証していることについて。

私たちは、あの苦しみや**ネガティブな部分を取っ払って**恋愛<u>できる、</u>ってことだよ。

ビヨンセの《Irreplaceable》と別の曲で込められたメッセージを比べてみよう。ブルースの伝説ベッシー・スミスの《Any Woman's Blues》(1923年)。作詞者は、ラヴィー・オースティン(1887～1972)。

ラヴィー

ラヴィーは、超めかしこんで、ヒョウ柄の内装のスタッツ・ベアキャット(というスポーツカー)をめちゃくちゃなスピードで乗り回すので有名だったけど、当代一流のピアニスト兼ソングライターだった。

ヒヒー！

《Any Woman's Blues》で歌われるのは《Irreplaceable》と同じような設定。だけど、教訓的な自己防衛のメッセージはない。かわりに、ベッシー・スミスはこう歌う。

歌詞はデイヴィスの聞き書き。Angela Davis, *Blues Legacies and Black Feminism*, Vintage Books, 1998, p.260.

彼はろくでなし

帰りも遅い

なのに愛してるのはお前だけだってさ

でも、もしあの娘を見つけたら

あたしの男を盗ろうとしてる女だけど

教えてやるさ、今にわかるって*

同じテーマの別の曲《Bad Luck Blues》(1923年、歌い手はマ・レイニー)では、
ラヴィーはこう書いている。

目覚めたことある？
ちょうど夜明けに

ダディ *がいつもいたところに
枕に腕を回したまま

好きな男が
そばにいなけりゃ
生きてていったい
なんになる？

いっそ死んで
しまおうか、天の神に
魂を捧げるんだ**

*この手の曲では、自分の男は《ダディ》、自分のことは《マミー》とされている。

**Davis, p.200.

ラヴィーの書く歌詞みたいな、自分を捨てて屈服するという超ネガティブな恋愛関係を、現代の女性（そして男性）（でもやっぱりほとんど女性）が口にするのはタブーだ。今の時代の理想からいえば、こういう気持ちは**完全にアウト**。

愛の祭壇へ身を捧げることも自己犠牲も、ここ数十年で完全に**ダサく**なった。それは、新しいタイプのセラピー文化が広がったから。今は、「私自身」がものすごく大事で、自立することが何よりも大切。

そんな考えは有害！

そんな気持ちは不健全！

魅力的じゃないよ！

現代の人々

大事なのは**確固たる自分**！

前向きに考えること！

現代の理想に合う、他人に**依存しない**、**自信のある人**がすてきだよ

うふふ

イルーズが、この文化的な変化について書いている。

歴史的に見ると、愛の苦しみは高貴なものとされてきた。手に入らない愛、不幸な愛に耐えることは気高く、ある意味では勇敢だとされた。*

現代の文化では逆。味わった苦しみをすぐに乗り越えられる、もっといえばそもそも苦しみを完全に避けることができるのが、よい人間の証。*

オレに無関心な乙女の家の外で、朽ち果てるまで横たわっててやる！

感動だなあ

まあ！美しい！

高尚な！

気持ちを通じ合えない彼が、インスタで「いいね！」をくれるまで、携帯持って横たわっててやる！

何やってんのさ…

悲劇だね！

セラピーで**ちょっとは**自尊心を持って

*Illouz, p.127.

*Illouz, p.130.

119

現代のセラピー文化は、自分を犠牲にしたり放棄したりすることをよしとしない。自分の利益や欲求を守れることが、よいメンタルとイコールになっているからだ*

*Illouz, p.164.

苦しむのは自分が弱い証拠

*Illouz, p.130.

健康や幸せのためには、苦しみを拒絶し、自分の利益を最大化することが求められる。愛であってもそう。親密な人との関係でも、こんな理想が根を張っている

自分がほしいものをわかっていて、それを守ることが、精神的な成熟を意味するようになった*

*Illouz, p.164.

愛という体験に、人はますます最大限の愉しみと心地のよさを追い求めていく

そして次第に、苦痛は愛における居場所を失っていく*

*Illouz, pp.164-165.

もしも愛が苦痛をもらたすなら、それは《誤り》で、ふたりの関係性が間違っていたということ

だから、苦しみから逃れ、もっと成熟した選択ができるよう、**もっと自分を知る**必要がある、ということになってしまう*

*Illouz, p.165.

「苦しみなしに愛を手にしていたいという望みは当然だし、実現可能だ」とするのは、現代特有の考え方。

でなきゃ、苦しみは愛につきもので避けられないと考えられてきた。

（ニーチェを狂わせたという功績で）この本の導師（グル）となってるルー・ザロメも書いている。

私たちはいつも手の届かぬ星を愛します。愛はすべて本質的にとても悲惨なものなのです

だからこそ、愛は、途方もない実りあるものをもたらすことができるのです

人生において、すべての力はもつれ合い、相反するものは距離を保っています。人は自分自身の中にそう深く潜り込むことも、人生を根底からくつがえすこともできません…

…神秘的なつながりの中で幸せと苦しみを自身で感じることなしには

そこで生じるのは（…）苦労してしっかりと囲い込んだ心地よさを超えるものです。私たちは生涯、最大の敵である痛みから、自らの心地よさを守ろうとしています

しかし、最も創造的で激しい体験においては、幸せと苦しみは同じことなのです*

*Andreas-Salomé, pp.81-82.

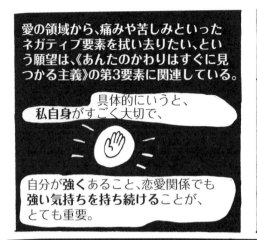

愛の領域から、痛みや苦しみといったネガティブ要素を拭い去りたい、という願望は、《あんたのかわりはすぐに見つかる主義》の第3要素に関連している。

具体的にいうと、**私自身**がすごく大切で、

自分が**強く**あること、恋愛関係でも**強い気持ち**を持ち続けることが、とても重要。

これまで(100万回くらい)いってきたけど、私たちが今いるのは、**自分自身**が超大事、という時代。

自分らしく!

自分を愛して!

誰かのために自分を変えちゃダメ!

自分を信じて!

ケアしてあげて

ぜーんぜんステキじゃないよ

でもさ、誰かに恋すると、どこか自信をなくしたり、気弱になったり、自分を疑ったり してしまう 。そういうもんじゃない?

トルストイが『アンナ・カレーニナ』で、舞踏会でアンナに恋をした瞬間のヴロンスキイ伯爵をこう描いているように。

《ヴロンスキイはいつもなら偉そうにして、自分は万人の王、屈託なんてないし万事快調と思ってる

ベラベラ

オレって最高

ふわぁ

《だが突如》とトルストイは書いている。《彼の冷静沈着な様子はいずこへ?　晴れ晴れとした落ち着いた顔つきはどこへ?》

《いや、彼は今、彼女を振り返るたび、かがみ込んでいる。平伏したいとばかりに。目には、従順さと不安が現れている》*

よくいらっしゃいますか、こちら…舞踏会に

*レフ・トルストイ『アンナ・カレーニナ』

122

ヴロンスキイ伯爵は弱気になる――
そう、《誰かに弱い》って言い回しも
あるもんね――不安と従順の気持ちを
抱えて、しゃがみこんでしまいたい、
アンナの足元にひざまずきたい。

この本の第2の導師のH.D.も《エロス》と
いう詩で表現している。

愛を詠うには――まず愛に
粉々に打ち砕かれねば!

イタリアの哲学者マルシーリオ・
フィチーノ(1433 ～ 1499)は、
『恋の形而上学』で、恋をすると、
後で《私を取り戻す》ために、まず
《私を捨てる》と書いている。

私が自分を見出す
場所は、

私のことを思っ
てくれている…

…あなたの内なのである。

私自身からは無視され捨てられた
…

私をとっておいてくれた

あなたの
内で、　私は私を取り戻す*

ハンの表現だとこうなる。

愛の何たるかを理解すると
人は弱くなる

だがその後、
力強い気持ちが
湧いてくる*

*Han, p.8.

*マルシーリオ・フィチーノ『恋の形而上学――フィレンツェの人マルシーリオ・
フィチーノによるプラトーン『饗宴』注釈』(左近司祥子訳、国文社、56頁)

だけど、《あんたのかわりはすぐに見つかる主義》というか現代の「自己強化」の理想では、逆にいちばん大事なのは《確固たる自分》だ。

**今日は
自分を
大事にする日**

♥

私は
私、
変わらない!

**自分に恋して、
心と身体を
大事にしよう**

《Irreplaceable》の「私」からすると、愛に裏切られても気にしないのが最善策。苦しみやショック、悲しみを感じずに、変わらず動じず、前進する。

自分を選ぶ
自分を愛する
自分の人生で最高のものが
私だったかもしれないのに、
それがわからないやつら
理解できないやつらを手放す
ことを選ぶ

でも、ハンによれば、愛の苦しみや変化、**冒険や危険**を受け入れないと、人は変わることなく、他者の中に自己の承認だけを探し求めてしまう

自分は変わらず
同じまま、他者に
承認だけを
求める*

*Han, p.27.

もしかしたら、これも苦しみから逃れる方法のひとつかもしれない。けど、結果はたぶんやっぱり

No love

愛の不在

たぶん!! たぶんだよ、
みんな!!!

では

続けるよ——

——この章の最後に、《あんたのかわりはすぐに見つかる主義》の「恋愛は公平であるべき」という理想を見てみよう。

恋愛関係は、互いに愛情の深さが同じの対等な関係でなくちゃいけない。

そうであれば、良好で健全、幸せな関係だと見なされる。

*keen.com [8 signs you love him too much]

もし対等でなかったら？ 例えば、女性の方が、自分が愛される**以上に**男性を愛している関係があるとする。私たちはこう考える。いちばん正しい、健全な、自分を守る行動は、その男を愛するのはやめて、**もっと**愛してくれる別の人を見つけることだ、と。

愛とは、あなたが彼に対するのと同じくらい、彼があなたを大事にしてくれること*

世の中では**女性の側に**問題があるんだ、と考えてるみたい。愛情が深過ぎで、与え過ぎる、愛し過ぎてしまう女たち。

ROBIN NORWOOD
Kvinnor som älskar för mycket

『愛しすぎる女たち』

愛が《過剰な》女たちは幅が広い。パートナーへの愛が**あまりにも**人生の中心になってしまう人もいれば——

愛し過ぎている

8つの兆候

——最悪とされるのは、ドラマや映画に出てくるステレオタイプの《ヤバい彼女》かな。《ヤバい》愛し方しか知らず、自分が求められていないことをわかろうとしない女。

女子は、こうならないように、という恐怖画像 →

ねえ、会ったばかりでおかしいんだけど

電話番号知ってるしあなたのこども欲しいんだ

でもさ、それってほんとにそんなにダメ？

「ヤバい彼女」の**原型**、クレイジーガールフレンドの**母**、レディ・キャロライン・ラムを見てみよう。バイロン卿にすさまじい恋をした人だ。

1812年に出会ったとき、バイロン卿は24歳で既に有名な詩人、キャロライン・ラムは別の男性と結婚していた。

キャロラインはバイロンの本を読んでファンレターを送る。初対面では、バイロンはキャロラインの外見に**魅せられなかった。** 背が高くてやせすぎで、しかも常に小姓の恰好をするという彼女の習慣に《バイロンはショックを受けた》んだそう。*

*English History https://englishhistory.net/

バイロンは友人に話す。

きれいというにはやせ過ぎだ！

だけどキャロラインは彼に**死ぬほど**魅了されて、こう記す。

あの美しい、青白い顔は私の運命！

バイロンも当初の嫌悪を乗り越え、ふたりの情熱的な情事が始まるが、これが1812年春のロンドンを騒然とさせた大スキャンダルになる。

ふたりは超熱々で、一緒に本を読み、詩作について議論し、言い争っては、毎回、情熱的なセックスで仲直りした。

自分が招かれていない舞踏会にバイロンが出かけると、キャロラインは路上で彼を待つ。

あなたへの**狂おしい**愛のせいで、**砕け散り**そう!!

キャロラインが別の男と踊ると、バイロンは怒り狂った。
(バイロンは内反足のため踊れないのだ)

あなたへの**狂いそうなほど**の愛のせいで、小さな腰掛の上で**燃え尽きそう**!!

このスキャンダラスな色恋沙汰の噂の
せいで、バイロンはロンドンを出て別の
町に留まらなくてはならない羽目に。
キャロラインはラブレター攻撃を仕掛け
るが、バイロンはだんだんこの情事に
うんざりしてイライラし始める。

またレディ・
キャロラインから！

あぁーて
るう!!!!

ロンドンに戻っても、バイロンはキャロ
ラインを避けようとするが、むこうは
ヒステリックに連絡を寄越してくる。
友人のジョン・ホブハウスは、また
ロンドンを離れるように勧めた。評判を
完全に落としてしまわないうちに、と。

名声が
ガタ落ち
になる
前に！

キャロラインは、1812年7月29日水曜
日にひとりで会いに行くと書いて、バイ
ロンを脅す。

7月29日に
ひとりで
ご挨拶に
同います

この時代、既婚女性がひとりで愛人に
会うというのは《病的な》マナー違反だっ
た。スマートな情事なら許容されても、
ここまですると両方の評判を完全に落と
してしまう危険がある。

これを機に、バイロンはまさにその日に
ロンドンを離れることに。

彼女が7月29日に来る！
では、その日に
発とう！

けれどもお昼時、バイロンたちが出発する　前に、キャロラインは
バイロンのうちへやってきたのだ!!!!

ホブハウスはこの出来事を日記に書いている。《雷鳴のように扉が何度も叩かれる
のが聞こえ、扉の外や通りの向こうに大勢が集まっているのが見えた──》

《——そして**奇妙奇天烈**な恰好の人物が入ってきた。家じゅうの誰もが、使用人も他のものもみな、すぐにキャロライン・ラムだと気づいた》

ホブハウスは続ける。《彼女は上着を脱いだが、その下に小姓の装束を着ていた》

キャロラインはすぐさま刀を取り出して自分自身を傷付けようとする。なだめようとして、彼女を抱きかかえるバイロン。

8月、キャロラインはバイロンへの手紙に自分の陰毛の束を同封する。

ハートフォードシャーにある別荘では、火を焚いて、白装束を着せた地元の娘たちを踊らせ、バイロンに見立てた人形を焼き払った。

バイロンと衝突する度に、キャロラインは劇的な場面を演じる。例えばテーブルの上の食器で自分を傷つけようとしたり…

刺しちゃうもん…

カニ用フォークで‼

バイロンは友人にこう語った。

骸骨に憑かれた！

1816年、キャロラインは『グレナルヴォン』という小説を発表。ほぼ実物のバイロンが、驚くほど優しくてすてきな《キャランサ》という女の子の人生をめちゃくちゃにした、残酷な人物として描かれている。

この本は**超**ベストセラーに。

1824年、バイロンは亡くなる。

バイロンの死後、キャロラインはこう語った。

本当に悪かったと思ってる。いつだったかの、彼に対する思いやりのない一言を。*

キャロラインの行動で注目すべきは、愛に応えてもらえないと気づいたときに、《賢明》で《自尊心ある》やり方で愛をあきらめていたら、**ここまでひどいダメージをバイロンに与えることはなかっただろう**、ということ。

ああ…そう…

じゃあ私は埃っぽい英国式豪邸ですべて忘れますね

ご自由に

だって実際、それが自己中男の**あこがれ**だよね。他人の**すさまじく強い感情**をもてあそんで、(ザロメの表現なら)人生をくつがえしても、女の方がものすごい自制心で愛情を《即座に》消去して、自分の身にはどんな悪い結果も一切降りかからないなら。

あんたのために泣かない！

不眠になったりしない！

バカめ

でも、キャロラインは、バイロンの興味がなくなったからって、彼に都合よく扱われたりしない。自分の気持ちが大事、バイロンがどう思っていても、自分の愛には価値がある。

愛してない！

だから？

私は愛してる！

キャロラインの忠誠は**自分自身の愛の気持ち**に向けられている。それが彼女にとっては何より大事なもの。

自分自身よりも、エゴよりも、それに**断然**バイロンや彼がどう思っているかよりも、大事なんだ。

彼女は自分の気持ちを問題視しないし、変更や中止を余儀なくされるものだと考えない。自分の気持ちを熱狂的に信仰し、人生の充足を得ようとする。自分自身の人生が、貴重で意味のあるものとなるように。

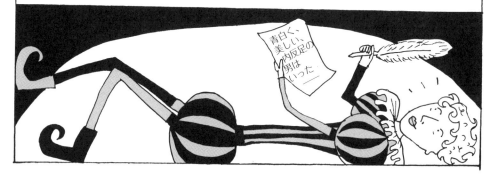

青白く、美しい、内反足の男ははいった──

*Roland Barthes, "Kärlekens samtal". Modernista. 2016, pp.295-296.

ロラン・バルトがこう書いている。気持ちの強さが《不均衡》な関係では、どちらにも別々の役割があると見なすことができる

《与えられた役目がどちらにもある。愛する者は啓示を与え、愛される者は耳を傾ける。感情を均一にするための言葉はない》*

《愛する》方が低い立場になってしまうということでは全然なくて、《愛される》方も、同じくらいの思い入れを持っていることが多い。

《もしも愛している方が相手と離れ難いのであれば、それは(…)見捨てられたくないと相手の方が思っているからだ》*

それはこんなお話。*

王女パールヴァティーは、世界でいちばんイケてる、立派な素晴らしい女の子。

パールヴァティーが超、超すてきなので、両親は、「唯一妥当な結婚相手は神、はっきりいえばシヴァの神だろう」と思っていた。

愛の気持ちに忠実にすべてを捧げることが、人類の大いなる美徳とされていた時代もある。例えば、大昔のヒンドゥー教の物語の描き方を見てみよう。

シヴァとパールヴァティー

ついにヒンドゥー教！

シヴァは近くの山の上に住んで、瞑想している。

両親に山へと送り出されたパールヴァティーは、シヴァに一目で信じられないほどの恋をする。

シヴァはまったく見向きもしない。

立ち去りなさい！

*ここではAmar Chitra Kathaの"Gods and goddesses - From the Epics and Mythology of India"(2009年)に則ったけど、何千年にわたる別バージョンもたくさんある。

パールヴァティーは打ちのめされ…

私の美貌、魅力にまったく動じないなんて!!!

そんなのありえないでしょ⁈⁇

でも彼女は自分の気持ちをあきらめない。「城を出る」と両親に告げ、たったひとりで森に移り住むのだ。

じゃあね!

すてきな服を脱ぎ捨て宝石を放り出す。瞑想し、苦行者としてのさまざまな修行を行う。

硬い土の上で眠り、何も口にせず、友達は近くにいるひづめのある動物だけ。

?

凍えるほど冷たい湖の中に座して、歯をガチガチ鳴らしながら、ずっとシヴァのことを考える。

心の中に刻み込まれたあなたの姿が、温めてくれる!

こんなふうに何年も過ごした。

ある日ひとりの隠者が森の中から現れ、現代の「セラピー的自己強化社会」のスローガンと同じ言葉を並べる。

おい、いったいなんのまねだ?!

しっかりせい!

やつのことは忘れて自分を大事にせい!

もったいないわい!

シヴァの失敗や欠点、悪い面をずらずらと挙げていく。

あやつは汚い!

貧しいぞ!

ヘビなんぞに巻かれとる!

無名の家の出だぞ!

だんご頭の男じゃぞ!

ついにパールヴァティーは怒り爆発、隠者を怒鳴りつける。

邪悪な戯言で私の心を汚さないで!

失敗や欠点があっても、あの人を愛してる!

立ち去りなさい!

と、その瞬間、隠者はシヴァに姿を変える!神は、彼女を試すためにやってきて、隠者に変装していたのだ。

シヴァはパールヴァティーの前で地面にひざまずく。

喜んであなたの僕(しもべ)になりましょう

ふたりは結婚して驚くほど幸せになり、ヒンドゥー教では理想的な結婚の象徴とされている。

私は女神、司るのは愛と豊穣

美と性愛!

シンボルは女陰(ヨーニ)!でも、暗くて攻撃的な、悪魔殺しの一面もあるの

パールヴァティーの物語の教訓とは

絶対に妥協しない献身で、愛に至ることができる。

正しいとか間違ってるとか以前に、これが現代との大きな違いってことは覚えておきたい。今は、自分を**大事にして**、《平等》な関係を築くことが理想になっていて、相手から《もらう》以上の愛を《与える》ことがないよう、気をつけなければいけないとされている。

＊「The Taiko」2016年12月1日付（Jacklyn Janeksela）

愛し過ぎている15の兆候＊

以下が「理想」として布教されていること。逆に、寛大過ぎて、愛を出し惜しみしない人（特に女性）＊＊は問題があるとされる。

もし彼が（…）あなたのために何もしてくれないなら、彼を愛するのは間違い。

愛に対する姿勢が間違っていて、かなり真剣に考え方を見直す必要がある。

愛されるわけがないと感じていたり、自分の輝きに気づいていないなら、自分をちゃんと労われていない証拠。

彼が最高なんじゃなくて、あなたが最高。何よりまず、それを信じること。

＊＊「愛し過ぎた男たち」というタイトルの本は未発見。

みんなが大好きなキルケゴールは、『愛のわざ』(1847年)という古典の中で教えてくれる。なぜ女性は

(あるいは人間全般は)、**おそろしいまでに愛するのか**。自分に無関心の人、同じだけ愛し返してはくれない人、そういう他人を愛することに、自分の時間や人生、自分自身をも**投げ捨てて**しまうのはなぜか。

なぜ彼女たちは度を越えて愛してしまうのか。それをやめさせようとして、講師やカウンセラーが次から次へと自己啓発本を書いて、数百万部も出版しなきゃいけないほど。

めちゃめちゃ愛してしまう理由とは、

それが楽しいから。

キルケゴールの言葉を借りるなら、

それが神の祝福を与えてくれるから。

キルケゴールはこう書いている。

愛することはまさしく最高の善であり、最大の祝福である

真に愛する者はより豊かになった

(…)彼が報酬を無視して愛を捧げれば捧げるほど、彼はそれだけ豊かになるからである*

* 『キルケゴール著作集16 愛のわざ（第2部）』（武藤一雄・芦津丈夫訳、白水社、58-59頁）

こういう考え方を すれば キルケゴールに よると、愛に裏切られることはない。

キルケゴールいわく、裏切られるのは相手が同じように愛してくれないからではない。**自分が**愛するのをやめるからだ。

欺かれるということはひたすら、ひとがもはや愛していないこと、

したがってひとがいや応なしに愛そのものを放棄し、

それと同時に愛がそのうちに宿している至福をも失うということを意味するのである*

*キルケゴール、51頁

彼は続ける。

これに反して、欺瞞者は自らを欺くのである

*キルケゴール、56頁

彼は愛しない、そしてこのことによってすでに自分自身から最高の善と最大の幸福をだまし取った*

イルーズ（再登場、**やったね!!**）は、「恋愛における対等な関係」という理想を、「最大利益」という現代社会の理想と結び付ける。人生は有益であるべきで、私たちの活動はすべて生産的、利己的、自己防衛的であるべきだ、という理想だ。

だけど、**非生産的**な「蕩尽（とうじん）」にも大きな意味があるという意見も。

生産性第一！

有益に！

自分自身を守る！

イルーズが取り上げるのは、**蕩尽**によって社会に秩序が生まれると主張する哲学者、ジョルジュ・バタイユだ。明晰で合理的な観点からは、完全にバカげていると思えるような事柄——例えば儀式や贅沢、遊び、壮大なモニュメント——に意味を与えるのが**蕩尽**だ。蕩尽は**神聖さを生み出すための**犠牲だ。

蕩尽が物事に意味を<u>与える</u>。それは**聖なるもの**を生み出す**犠牲**なのだ*

イルーズはこう述べる

性愛は、役に立たないと思われている。性愛においては、自分を投げ出すだけでなく、

傷つく危険もあるからだ*

イルーズいわく。蕩尽したり、自分を犠牲にしたり、危険にさらすゲームに身を投じたりもせず、「最大利益」のコンセプトを恋愛に持ち込んで、例えば対等な関係を求めると——

本来は愛と両立しえない、損得勘定の領域に踏み込むことになる*

だから、 もしかしたら 恋愛で
この手の損得勘定をしてしまうと、
つまり、

同じくらい愛すべきでしょ、でなきゃ 《あなたも
あなたを想うことはやめるから》

と考えてしまうような ケチな視点を
持つことの代償は、もしかしたら
だけど、ごく単純に、 神聖なもの
（ミステリアス！）が 生まれなくなる ことだ。
神聖なものは（たぶん）あなたの
自己犠牲的な、不合理で無益な蕩尽から
生まれるものだからね。

ということで、《あんたのかわりはすぐに見つかる　　　笑えるね。
主義》の考えに従えば、幸せな愛を得ることができる
のか否か。私の答えは、（エヘヘ、たぶんみんなもう
わかってるだろうけど）「NO」です。

この章は
おしまい　/////////　　　　　　　　　　　　　　　→

追伸：ビヨンセの曲の「私」が、あのバカで不誠実な男と付き合い続けた方がいい、ってことでは**決してないからね。それは絶対に違うから❗**

別れるべきだって、即答する。
（さらにいわせてもらえば、現実のビヨンセは夫のJay-Zとただちに別れるべき）

ただこう思うんだよね。成長できてない男たちに冷たくあしらわれるからって、自己強化論で武装して、こっちもやつらと同じようになればいい、ってなっちゃうのは、**フェミニスト的**な解決ではないんじゃないかな、って。

それでは

おまけコーナー!!!

マルシーリオが答えます。

どのようにして恋から治癒されるか ?

恋する者たちの不安な思い(…)は血液の浸食から生じるので、浸食の残るかぎり、不安も当然消えはしない

血の浸食は、幻惑によって引き起こされるが、その血がそのまま消えることなく体内に留まり続けると(…)血管を傷つけ、身体のさまざまな場所を見えない炎で焼きつくす

血が浄められた時、恋している人の、いい換えれば、心を失った人の不安な思いも消えていく

誰の場合にでもそれには長い時間がかかるが、(…)

彼が土星の影響の下で恋に落ちた時、(…)、恋の治癒に時間がかかるばかりでなく、その恋は苦しいものとなる*

*フィチーノ、224頁

142

さらに おまけページ!!

さらなる 1484年の格言
恋の治癒

自分の目の光が恋人の目の光と交わること
は避けるべきである

もし何か恋人の魂や肉体に
欠陥があるなら、そちらのほうに
魂の注意をいつも向けてやるように
心がけなければならない

血も時には採るべきで
ある

そして最後に

（別の人との）性交も時には
よいのである*

*フィチーノ、225頁

143

ここから新しい話。タイトルは

テセウスの顔

あるいは

海辺に流れ着いたがらくたみたいに、君を島にひとり置き去りにしただけだ。

古代ギリシャのテセウスとアリアドネの伝説*に
描かれているのは、私たちの中にある最も美しい
愛の姿かもしれない。

テセウスは迷宮に閉じこめられていて、
気分はサイテー。恐ろしいし、外に出る
道もわからない。

*訳注：クレタとの戦争に負けたアテネからは、クレタ島の地下迷宮に住む半人半牛の怪物ミノタウロスのた
めに生贄が送られていた。アテネ王の息子テセウスは生贄になりすましてクレタ島に乗り込む。クレタ王の娘
アリアドネはテセウスに赤い糸玉を渡し、迷宮からの脱出を助ける。

でも、外へ導いてくれるものがひとつある。
彼を 救って くれるもの。それは、彼を別の人と
結びつけている赤い糸。その人の愛が
彼を迷路の外へと導いてくれる——

——このおそろしい状況から逃げ出せるよう
——支えてくれる——この糸を持って
さえいれば、それをたどるだけで
——救い出される——
光と空気を感じられる場所へと—— →

あ、テセウスがいた！　誰かと一緒にいる！

彼は愛に導かれ、救われたのだ ‼

なんという

美しさ！

が、この後 ある出来事が起きる

この伝説の中で、まったくもって意味不明の、気味の悪い部分だ。*

*いろんなバージョンがあるのは知ってるけど、そこは今は無視ね！

テセウスは、自分を救ってくれた王女アリアド
ネを船に乗せる。(アリアドネはついていくた
めにすべてを捨てた——

彼を閉じ込めた家族も国も、すべて裏切っ
て、本当に彼に**何もかも**捧げたのに)

立ち寄ったナクソス島で、彼はアリアドネを
置き去りにする——彼女が眠り込むのを待ち…

眠っている間に出発したんだ!

テセウスは、アリアドネを
たったひとり、島に置いてきた。
海辺に流れ着いたがらくたみたいに。

はっきりいえば
テセウスは
アリアドネを
好きじゃなくなった。

いきなり

あるいは、じわじわと

そうなってしまった。

なんにも感じない。

「何も感じない」
という状態に。

少なくとも
充分じゃない。

この、好きじゃなくなるという現象は、好きになるのと同じくらい神秘的で不可解だし、どうしようもないものだ。

もしかするとテセウスの中で「どうでもいい」という気持ちがふくらんだのかも。エミリ・ディキンスンも書いている。

愛は着られなくなる

他のものと同じ

だから引き出しにしまう

* エミリ・ディキンスン「We outgrow love like other things」(1896年、(887))、スウェーデン語へは私が意訳。

でもある日、ふと思う。なんて古くさい服だろう

祖父母たちのものみたい*

あるいはこう。テセウスはアリアドネを前にしてふと、反発する磁石のような **強い** 嫌悪感を覚えた。ずっと一緒にいると**気持ち悪くなりそう**――

――それは、ドラマ「GIRLS」第1話で、自分の恋人チャーリーについて、マーニーがハンナに話したのと同じような感じ。

彼にさわられると、気持ち悪いオヤジが膝に手を置いてきたみたいで…

置き去りにされたアリアドネの絵は、
美術史上たくさん見つかる。

イーヴリン・ド・モーガン「ナクソス島のアリアドネ」1877年

アリ・シェフェール（1795〜1858）『アリアドネ』

アドルフ・ウルリク・ヴェルトミューラー「ナクソス島に横たわるアリアドネ」1783年

でも、テセウスの絵は **1枚も** 見つけられなかった
──アリアドネから**離れて**漕ぎ出していく瞬間の
テセウス──**どんな顔**だったのかな──
島を離れるときの彼──つまりね、
《好きじゃなくなった》表情はどう描かれるのかな──

「胸がつぶれそう」っていうのは
こんなふう。

「恋してる」っていうのはこんなふう。

じゃあ、「ある日、好きじゃなくなった」
っていうのは？ 何が起きてるの？
絵にできる？ こんなふう？

どうしたの？

どうしちゃったのさ？

わかんない！ 何が起きたのか、
自分でもわからないよ！

君は同じでも、僕は変わって
しまった

なんでこうなるの？

脳科学者なら「進化上の理由がある」と答えるだろうね。

パートナーに性的に飽きると、新しいパートナーを探して性的欲求を回復しようとするのは、遺伝子の拡散に好都合だからです

だからテセウスは彼女と付き合い続けず、旅に出て新しいパートナーを探すのです*

心理学者は「幼少期の体験が影響している」と答えるかもね。

テセウスは大人になるまで本当の父親はアイゲウス王だということを知らなかったのです

だから「恐れ・回避型」の愛着パターン*が形成され、成人してからもアリアドネとの関係をうまく築くことができないのです**

愛着理論の父ジョン・ボウルビィ氏

*この現象は「クーリッジ効果」と呼ばれていて、例えばマルクス・ヘイリグ『彼女、彼、そして脳』（未訳）にも記述があるよ。(Markus Heilig, Hon, han och hjärnan, Natur & Kultur, 2018, p.76.)

**訳注：「愛着理論」による分類の一つ。態度が極端に変わり、感情の予測がつかないとされる。

社会学者には別の考えが
あるだろうね。*

例えば、ランドル・コリンズは
こう主張する。ふたりの人間の
ロマンチックな関係で生じる
強い感情は、まるで

ミニ宗教だ。

*『脱常識の社会学 第二版』(井上俊・磯部卓三訳、
岩波現代文庫、209頁)

恋愛関係は、宗教やスポーツ、
政治といった、別の社会的儀礼と
比較できる。

こうした社会的儀礼が呼びさました
感情は、集団の中で強められる。
参加者自身が、集団が作り出した
社会的エネルギーの一部になるから。

神への信仰は、教会
でより強く感じられ、

チームの勝利の喜びは、
ファンの間でより強く
感じられ、

デモでは、
自分の政治的
見解をより強く
感じる。

*訳註:ストックホルムを拠点とする、
サッカー、アイスホッケーなどのプロチーム。

こうした社会的儀礼の中で、集団内の強い連帯感が生まれる。
他のメンバーはすばらしい、すてきだ、という気持ちだ。*

カップル間の儀礼は、すごく小さな集団、正確にはふたりの間で遂行される。
カップルの「ミニ宗教」の特徴は、「その理想はこのふたりの個人そのものの中に人格化されている」ということ。
愛し合うふたりが互いに想い合っていることが《神聖なもの》になる。

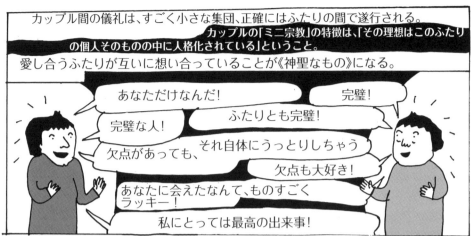

あなただけなんだ!

完璧!

完璧な人!

ふたりとも完璧!

欠点があっても、

それ自体にうっとりしちゃう

欠点も大好き!

あなたに会えたなんて、ものすごくラッキー!

私にとっては最高の出来事!

コリンズはこう書いている。「宗教的な儀礼が聖なる事物と理想をつくりだすのとまったく同じように、恋愛の儀礼もその強い結びつきをあらわす独自のシンボルをつくりだす(…)これらは、聖書、あるいは宗教儀礼によって聖別された十字架像と同等のものである。もっとも、より正確な類比物は、特定の部族クランの私的なトーテムであろう」*

* コリンズ、209・210頁

もらった水晶玉、ずっと持ってる!

彼女の髪!

我々はブドウが好きだ!

こんなに似てるし!

こんなにうまくいってる!

ブドウは大事!

結婚式は5月3日だよ!

祝いなんぞバカバカしいが妻にとっては大事なものだ

社会的儀礼が大事なのは、それが信仰や強さ、生の意味で人々を満たすから。

自分たちよりも大きな何かが存在するという感覚こそが、

宗教(さらには、神不在バージョンとして、政治やスポーツ、音楽、サブカル、恋愛)に惹きつけられる理由だ。

この論理だと、《好きじゃなくなる》ことは、ミニ宗教の《信仰を捨てる》と表現できる。

でも、どうしてミニ宗教を信じるのをやめてしまうの？

それはね、その宗教にひどい面があったり、間違っていたり、満足を得られないものだったりしたときに、信仰心の篤い人が「もう信じ続けられない」と思うのと同じような理由なんじゃないかな。

カトリックを捨てた理由	現在は無宗教
	%
中絶／同性愛に対する教義への不満	56
聖職者による性的虐待の不祥事	27
精神的な求めが満たされない	43

恋愛関係でいえば、相手の中の愛せない部分が出現する、あるいは、ゆっくりと見えてくる、ということ。単発の大きな出来事の場合もあれば、些細な出来事の積み重ねの場合もある。時に一気に、時にじわじわと、ミニ宗教への**信仰**そのものをえぐるのだ

この手の（単発の／一連の）出来事が、簡単に信仰を終わらせる。いきなり、あるいは徐々に、この宗教を**信じられなく**なる。

たとえ意識の上では、それは大した出来事じゃなかったと**信じる**ことができても、ずっと悲しい気持ちのままかもしれない。それでも「克服した」って思い込んでる。

前に進んで、解決したって思ってる。**でも、心のどこかでは、相手に対する 想い にかけられていた魔法は、解けてしまっている。**

棒でつつかれた

せっけんの泡みたいなもので、 一度であれ、ずっとであれ、起きてしまった**限り**は、泡が壊れないようにするのはもう**無理**だ。

壊れないでほしい、恋していたい、一緒にいたいと思っても、

その気持ちを感じることが、もうできない。

信じることができないんだ。

脱退者、異端者になってしまったから。

私、信仰を失いつつあるよ

* 「ハアレツ」紙、2013年9月7日付「The Thrill is Gone」

イルーズが「ハアレツ」紙に寄稿している。

《恋は誰にでも起きることだし、確かに恋は盲目だ。でも、愛を持続させようとしたら、明けても暮れても、向けられている熱いまなざしに耐えて、大きく目を開き続けなくちゃいけない》

こう続く。

《誰かに愛されるという経験は、写真の現像のようなもの。

相手にゆっくりと、自分の本当の顔、真の自分をさらしていく。相手からの絶え間なく貫くような視線を向けられながら》

超めんどくさい！ レオが誰とも付き合わないのもこりゃ無理ないね!!

イルーズいわく。

愛は見ること、そして知ること

愛されるとは、見られること、知られること。

他者をナルシシズム的な鏡にする、というわけではない。

だから、ふたりが曇りなき眼で見つめ合い、互いを映し合うと、 別のこと が生じる。

本当にそうなら、じっと見つめ合うのは、とってもすてきなことだよね。
イルーズは、ウェルベックの小説『闘争領域の拡大』を取り上げている。
他人と関係を持つことについて、ウェルベックはこう書いている。

たとえば、一枚の鏡は毎日ただ同じ絶望のイメージしか映しださないのに対し、向かい合わせに置いた鏡は、鮮明で濃密なネットワークをつくりあげる。それは完全に平行投影された際限のない、終わりのない、苦悩や世界の彼方(かなた)の軌道へ、人の目を誘(いざな)う*

＊ミシェル・ウェルベック『闘争領域の
拡大』(中村佳子訳、角川書店、168頁)

さてさて！愛が終わるもうひとつの理由
──あるいは「ミニ宗教」を信じなくなる原因──

（仮にカップルの関係性を、感情を生み出すための社会的儀礼と見なすならば、だけど）

それは、感情が枯渇するせいかもしれない。**儀礼をきちんと
実行しない**、あるいは、だらだらやる気なくやるせいかも。
つまり、**正しい決まったやり方で儀礼に身を捧げ
ていないってこと。**

思うにそれは、宗教の力と同じ。
祈りや断食、食のタブー、瞑想、
祝祭の儀式などを通じて、神の
存在を信じる気持ちが強くなる。

だから、カップル間のミニ宗教であって
も、同じことが求められるんじゃないか
な。つまり、ふたりの間で儀礼っぽいこ
とを常に実行すれば、ミニ宗教の信仰は
強化される。

もし、やらなければ

服ほめる気
しない

ヒッグス粒子の
こと、聞きたく
ない

やる気なくどうでもいいと思ったり、そんなの大事じゃない

というかバカバカしいと考えてたりすると、　**ミニ宗教の信仰心**は、
おそらく弱まり、最終的には、**信仰を完全に捨てて**、誰か別の人、
つまり異教の教えに身を染めてしまう。

ひとりでいても、
今と同じくらい
幸せかも

インスタでフォロー
したバレリーナの方
が、よっぽどうまく
いくかも

160

だから、ふたりにかけられた
魔法が続いてほしいと願うなら、自分たちで
作った教会で、ふたりの教皇として儀礼を
執り行わなくちゃ。例えば、ふたりきりでとっておきのディナー
をする、お香を焚きしめる、記念日をきちんと祝う、

ミサのパンを口にする、前に聞いた大事な話を思い出す、

思い出のかけらをクッション付きの立派な

小箱にしまう、《思い出の曲》を一緒に聴いて、
出会えた奇跡をかみしめる、

《愛してる》とか《そのジーンズ、すごく
似合う》みたいな、毎日のお決まりのマントラを夕べの祈り
のように繰り返す、

さらにやるならイスラム教のように
1日5回繰り返す、「相手が健やかでありますように」という
気持ちを常に持つ、

よい人間であろうとする努力する、

別の人と寝るとか、豚肉を食べるとか、
そういった欲望から身を遠ざけ、宗教の戒律の範囲内で
充足を楽しむ、

バカバカしい不合理なふたりの信仰によって
呼びさまされる感情のエネルギーをしっかりと味わう、

だってそこには意味があるし、私たちふたりには
ひとつの目標もある——修道院で一生の務めを果たすみたいに。

たぶんだよ、みんな!!!　たぶんね、たぶんだってば !!!!!!!!

あるいは、こういうことかもよ──
《好きじゃなくなった》理由を説明しようとしても、
それはただの後付けでしかない。

つまり

自分を守るためのもの。
だって、そうじゃなきゃ
ものすごくしんどいから。好きじゃないってだけで、
なんの理由もないのに誰かをこんなに力いっぱい
傷付けることができるなんて。

超、超ひどいやつが「ミニ宗教」を
おそろしいほど冒涜してるのに、その
バカに恋し続けるって話、よく聞くよね。
（でもどこまで耐えるの?!　いつか終わり
が来るから待つってこと?!）

傷付いてるみたいだけど、君も悪いんだ。
カルト宗教から脱退しようとしたんだから

わかったけど、そんな
ひどい話聞いたこと
ないよ

もしかすると、説明したい、という人間の性（さが）が、すべての原因なのかも。
自分たちに何が起きたか、なぜ起きたのか、私たちは物語にして
語りたい。

　宇宙に浮かぶ球体の上を四つ足で這いずり回るだけでいたくない、
　と人間は必死に努力してきたから。

でも、すべては私たちの身に**降りかかってくる**だけだし、私たち自身は、
自分では理解できないことを、ただ単に偶然に──行き当たりばったりに──
その場その場で──やったり感じたりしているだけなんだけど。

もうひとつ、ありえるのは、
愛は消えてしまうこともあるってこと。

理由はないのに。

それは
女神に
見捨てられた
だけなのかも
しれない。

どうしようも
ないものかも
しれない。

「またいつか愛の祝福を受けられますように」
と祈ることしかできないのかもしれない。

テセウス、そして私たちはみんな、願うことしかできない。

願ってる　　　　　　　願ってるんだ

山や岩屋
通りや市場に

住んでいる
あのニンフたちが

いつかまた僕に
魔法をかける気に
なってくれないかな、って

海よ、渦巻け

その
針葉樹の森に
渦を起こせ

とてつもない
針葉樹の森を
濯(すす)いでしまえ

この切り立った崖に

常葉（とこは）の
波を
打ちつけろ

木々の湖（うみ）に
私たちを
沈めてくれ

*最後の詩「海よ、渦巻け」は、
H.D.の詩「山の精（Oread）」を、詩人
グンナル・ハルディングによる
スウェーデン語訳をもとに
自由に解釈したものです。

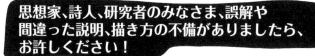

思想家、詩人、研究者のみなさま、誤解や間違った説明、描き方の不備がありましたら、お許しください！

引用元となった本を読んでね！

君ら、マジで**マンガ**読んでんの？

9歳児か?!!

おーい！

ガキどもが腹減らしてるぞ！

なんとかしろ！

誰かと付き合うことがなんでそんなに大事なんでしたっけ？

忘れちゃったので教えて！

なんであたし、テセウスに「外衣（トーガ）、ピチピチ！」なんていっちゃったんだろーー ?!?

©Maja Flink

作者　リーヴ・ストロームクヴィスト（Liv Strömquist）

1978 年生まれ。スウェーデンの漫画家。

2005 年にデビュー作『脂肪分 100 ％（*Hundra procent fett*)』が大ヒット、『チャールズ皇太子の気持ち（*Prins Charles känsla*)』（2010 年）、『栄華と凋落（*Uppgång och fall*)』（2016 年）などの作品で、スウェーデンを代表する漫画家、文化人としての地位を確立。『禁断の果実(*Kunskapens frukt*)』(2014年）はスウェーデン国内のみならずドイツやフランスなどでもベストセラーとなり、2018 年に花伝社より日本語訳が刊行された（相川千尋訳）。作品は 20 以上の言語に翻訳されたほか、多く舞台化され、スウェーデン国内では王立ドラマ劇場はじめ各地の劇場で、また国外でもドイツ・ハノーファー州立劇場などで上演されている。

2016 年、マルメ大学から名誉博士号を授与される。ダーゲンス・ニーヘーテル文化賞、カール・イェルハルド振興賞、レーナ・ニーマン賞などを受賞。

訳者　よこのなな

1977 年生まれ。90 年代半ばと 2000 年代初めにスウェーデンの地方都市でスウェーデン語や社会科学を学ぶ。本書がはじめての訳書となる。訳書『ゴリランとわたし』（フリーダ・ニルソン作、岩波書店）が 2021 年 4 月刊行予定。

訳者解説

　本書は Liv Strömquist, *Den rödaste rosen slår ut*（Galago, 2019）のスウェーデン語からの全訳である。「ハリウッド俳優のレオナルド・ディカプリオは、なぜ自分よりずっと若い似たような外見のモデルや女優と付き合っては別れを繰り返すのか」という疑問を糸口に、現代社会における恋愛について、古典哲学や現代思想、神話を取り混ぜて考察した作品だ。

　2019年8月の刊行からわずか2ケ月でフランスでも翻訳版が刊行され、その後、ドイツ語、ロシア語、イタリア語などへも翻訳されている。本国スウェーデンでは早くも舞台化され、2020年9月よりストックホルムにある王立ドラマ劇場で上演されている（チケットは発売開始直後に完売したが、12月現在、劇場はコロナウィルス感染拡大を受けて閉鎖されている）。

作者について

　作者リーヴ・ストロームクヴィスト（以下リーヴ）は1978年生まれ、スウェーデン南部スコーネ地方の田舎町で育ち、現在は同地方の中心都市マルメに住んでいる。司書の母と芸術家の父の方針で自宅にテレビはなく、マンガやたくさんの本を読んで育った。大学で文学や政治学、社会学、哲学などを学ぶが、ラテンアメリカ関連のコースを受講したことから、21歳でサパティスタ運動の平和監視員としてメキシコに赴き、その後も南米を訪れる。また、子どもの頃から作家になりたいという夢があり、詩や小説の創作を始めるものの、当初は自分のスタイルを確立できないという壁にぶつかっていた。

　その後、マルメに引越したリーヴは、友人の影響を受けて独学でマ

ンガを描き始める。マルメでは 1999 年にマンガ家養成のための専門
学校が創立され、2003 年からは 2 年コースが新設されるなど、マン
ガ制作の人気が高まっていたことも背景にあるだろう。ちなみにこの
マンガ専門学校は『北欧女子オーサが見つけた日本の不思議』シリー
ズ（KADOKAWA）などで知られるマンガ家、オーサ・イェークスト
ロムの出身校でもある。

　リーヴは、描いたマンガをジン（自主制作の冊子）としてまとめ、
リリースパーティーを開いては友人を呼び、制作したジンを配ってい
たという。そのジンが大手日刊新聞「ダーゲンス・ニーヘーテル」紙
の編集者の目に留まり、週末版に作品が掲載されるようになったのが、
マンガ家としてのキャリアの始まりだった。本人は仕事としてマンガ
を描き始めてからも専業でやっていけるとは思っておらず、学生ロー
ンをどう返済しようかと悩み、常に倹約している、と 2015 年刊行の
エッセイ集で語っている。

　2006 年に最初の作品集『脂肪分 100 ％（*Hundra procent fett*）』が
刊行される。この頃リーヴは公共放送スウェーデンラジオの若者向け
チャンネルの番組制作スタッフとしてフルタイムで勤務しており、マ
ンガは夜と週末に描くという生活が 6 年間続いた。その後もラジオ番
組制作に長く携わりつつ、老舗コミック出版社 Galago からコンスタ
ントに作品を発表し、現在は 2021 年秋刊行予定の作品に取り組んで
いるそうだ。私生活では、本書制作期間中に出産した子を含め、3 人
の男の子を育てている。

　彼女はマンガ制作以外の活動も幅広く行い、特にポッドキャストや
ラジオのパーソナリティーとしてもスウェーデンではよく知られてい
る。2011 年秋から、幼なじみの作家 Caroline Ringskog Ferrada-Noli
とのポッドキャスト配信を続けるほか、パートナーであるコメディア
ンの Ola Söderholm のポッドキャストにも参加している。また、
2020 年 8 月からはスウェーデンラジオの人気番組でパーソナリ

ティーを務めている。さらには 2016 年から 2017 年にかけて、スウェーデン・アカデミー会員の男性作家とふたりでヨーロッパを巡って文化を紹介するというテレビ番組も放映された。

これまでに芸術や文化関連の賞も数多く受賞しており、現在ではマンガという枠を超え、スウェーデンを代表するアーティスト、社会評論家としての評価を受けている。本書刊行後の 2019 年秋には、スウェーデン文化庁（Kulturrådet）が発行する書籍紹介季刊誌の表紙を飾った。また、自身は独学であるものの、美術大学で教えるなど後進の育成にもあたり、マルメ大学からは名誉博士の称号を贈られている。

2019 年 11 月にはスウェーデン政府芸術助成委員会（Konstnärsämden）から多額の活動奨励金を授与された。これは、質の高い活動で若い芸術家たちに多大な影響を及ぼす絵画・造形芸術家に贈られるものだ。授賞理由は「社会の不合理に対する針のように鋭い風刺」とされている。

これまでの作品について

本書の内容に入る前に、これまでの作品について振り返っておこう。現時点では、本書を含めオリジナルの単行本は 7 作が刊行されているほか、再編集の新装版なども出版されている。

●オリジナルのマンガ作品

『脂肪分 100 ％（*Hundra procent fett*）』2006 年

『アインシュタインの妻（*Einsteins fru*）』2008 年

『チャールズ皇太子の気持ち（*Prins Charles känsla*）』2010 年

『人生にイエス！（*Ja till Liv*）』2011 年

『知識の果実（*Kunskapens frukt*）』2014 年

※日本語版『禁断の果実——女性の身体と性のタブー』花伝社、
　2018 年

『栄華と凋落（*Uppgång och fall*）』2016 年

●その他の作品

『アインシュタインの新しい妻（*Einsteins nya fru*）』2018 年

※『アインシュタインの妻』の 10 周年記念として描きおろしなど
　を増補した新装版。

『ドリフト（*Drift*）』2007 年

※原作を担当。

●マンガ以外の作品

『親愛なるリーヴとカロリーンへ（*Kära Liv och Caroline*）』2015 年

※ポッドキャストに寄せられた悩み相談や質問に答えるエッセイ集。

『ほくろ（*Fettknölen*）』2018 年

※スウェーデン映画界の巨匠、イングマール・ベルイマン生誕 100
　周年記念企画として、監督、脚本、作画を担当した短編アニメ映
　画。女性に対して横暴で身勝手なベルイマンを、突然ほくろが諭
　し始める、というストーリー。

　デビュー作『脂肪分 100％』は、それまで描きためた 1 ページから
数ページ完結の作品を集めたもので、一冊の作品として通底するテー
マはない。線画も現在ほどしっかりしておらず、一見ゆるっとした印
象を受けるが、社会の不合理への問題提起、規範への批判など内容は
ストレートだ。リーヴはのちに、絵を描く能力はマンガに必須かと尋
ねられて「そんなこと絶対ない。大事なのは絵と文字で何かを伝える
ことができるかどうかだ」と答えている[1]が、この本にこそ彼女の原
点があるともいえる。ネオナチが台頭してきた 1990 年代の学校生活
や、南米での体験など、自身の経験を描いたページも多く、1990 年
代から 2000 年代のスウェーデンの社会情勢と、リーヴのアクティビ
ストとしての姿勢を知ることができる。

　2 作目の『アインシュタインの妻』も、どちらかというと作品集に

近いが、多くの作品で異性愛における非対称な関係や、いわゆる不幸な恋愛を論じている。登場するのは、アインシュタインやムンク、マルクス、プレスリーなどの著名人たちとその妻や恋人たちだ。オノ・ヨーコ、ブリトニー・スピアーズと夫だったケビン（本書114頁の「ケビン」は彼を指すと思われる）の話もある。

　3作目の『チャールズ皇太子の気持ち』は、単行本刊行を念頭に制作されたと推測できる、一貫性を持つ作品だ。本書と同じく「恋愛」をテーマとするが、本書のアプローチとは真逆で、異性間の「ロマンチックな恋愛」がどのように社会的に作られているのか、なぜ家父長制による抑圧の構造や不幸な恋愛関係から抜け出すことができないのかを、社会学的に論じる。

　4作目『人生にイエス！』は、いわゆるABC本をなぞったもので、アルファベット順に様々な項目を挙げ（例：BはBARN（子ども））、その後にシュールな説明が続く（例：子どもはキリスト教民主党支持者だ）。

　女性器と月経がメインテーマの5作目『禁断の果実』は人口約1000万人のスウェーデンで4万部以上を売り上げ、27言語に翻訳されるなど、国内外で大きな反響を呼び、彼女の名を世界中に知らしめることになる。中でも有名なのは「Blood Mountain（血の山）」（日本版99頁〜「生理のタブー」）と題された章で、スウェーデンでは、月経をテーマにしたアートが「生理アート」と広く知られるきっかけとなった。だが、『禁断の果実』はロシアでは成人指定されているという。女性が主体的に身体や性について語ることが現在でもタブー視されている一例といえるだろう。

　同じような反応はスウェーデンでも見られる。2017年9月から2019年3月まで、ストックホルムの地下鉄駅構内に、「夜の庭（The Night Garden）」と題されたリーヴのイラスト群が展示された。月経をテーマにしたイラストも含まれていたため、地下鉄利用者からの反

応は賛否両論、ネオナチが作品を棄損し、極右政党は撤去を求めた。

　2013 年、夏の特別ラジオ番組（毎年、話題の著名人たちがトークと選曲を務める）のパーソナリティーに選出されたリーヴは、番組の冒頭、マンガを描き始めた頃に男性マンガ家にいわれた「女性が描くマンガは嫌いだ。生理のことしか描いてないから」という言葉を紹介し、「なにがひどいって、彼が間違ってたこと。生理に関するマンガや映画や小説がこの世に溢れてたらどんなによかったか」と続けた。そして、女性の身体の生理機能、そして身体そのものが近現代の文化の中でいかにタブー視されてきたか、なぜ私たちは「生理」という言葉や月経そのものを気まずく感じてしまうのかなど、自身の思い出を絡めながら、ほぼ 60 分間しゃべり続けた。

　6 作目『栄華と凋落』で、リーヴはグローバル資本主義経済が支配する社会に痛烈な批判を浴びせる。金融危機によって利益を得る超富裕層、大企業の経営陣による気候変動懐疑論などを、スウェーデン国内における社会階級とその格差拡大に絡めて論じ、右派と左派の両方を風刺している。

本書について

　以上のとおり、現代や過去の著名人の言動に対する疑問を発想の起点にして、社会的な構造問題を暴き、学説を駆使しながら彼女独自の論を展開していくのがリーヴのスタイルである。本書は、これまでの 6 作以上に文字量が多く、「マンガというよりむしろもうエッセイでは」という声も挙がるほどだが、文字と絵を駆使した独特の表現は健在だ。

　本書には、プラトンやヘーゲル、キルケゴール、エーリッヒ・フロム、ロラン・バルト、ジョルジュ・バタイユ、スラヴォイ・ジジェクなど、古代から現代までの多くの哲学者や思想家が名言とともに登場している。翻訳に際し、すでに日本語版があるものは、確認ができる

限り既訳を引用した。しかし、メインに引用される以下の2冊を含め、日本語圏での紹介があまり進んでいない文献や人物も多く登場する。そのうちのいくつかについて、ここで補足しておきたい。

本書の学術的な根拠となっているのは、『なぜ愛は痛むのか（*Why Love Hurts: A Sociological Explanation*）』と『エロスの苦痛（*Agonie des Eros*）』という2冊の学術書だ。前者はエヴァ・イルーズ、後者はビョンチョル・ハンが著したもので、それぞれ英語とドイツ語でともに2012年に原書が刊行されている。ふたりともヨーロッパを中心に大変人気がある研究者だ。学術書寄りの書籍の翻訳は少ないスウェーデンでも著書が多数翻訳刊行されていることからも、人気のほどがうかがえる。

エヴァ・イルーズ（Eva Illouz）

1961年生まれのユダヤ系社会学者。モロッコに生まれ、その後フランスに移住。社会学やカルチュラルスタディーズなどを学び、エルサレム・ヘブライ大学やフランス国立社会科学高等研究院、カリフォルニア大学などで教壇に立つ。多作であるが単著の日本語訳はまだない。藤原書店から刊行中の「感情の歴史」シリーズ第Ⅲ巻に共著論文が収録される予定であるようだ。また、山田陽子『働く人のための感情資本論』（青土社、2019年）では、イルーズの提唱する「感情資本主義（emotional capitalism）」が次のように紹介されている。「感情資本主義では（…）自らの感情をコントロールすること、他者の感情について共感的に理解しつつ、それに巻き込まれない態度を習得することが精神的にも社会的にも強き者、社会的優越の証とみなされる」（山田、43頁）。

『なぜ愛は痛むのか』は、近代社会と愛の変遷を感情の果たす役割から考察した一冊だ。イルーズは「なぜ強く自立したアメリカやフランス、イスラエル、ドイツ（※いずれもイルーズが成人以降に在住し

た国）の女性たちが、逃げ隠れしがちな男性たちに振り回されている
のか。男性が女性たちを困惑させているのはなぜか。以前からそう
だったのか」という疑問が執筆のきっかけだったと書いている。その
上で、心理学的に分析されがちな恋愛を社会構造の観点から解き明か
そうとした。彼女の議論で興味深いのは、家父長制下の政略結婚も充
分に合理的なものだったが、その「合理性」は現代ほどではなく、現
代社会における恋愛は直観的な好みと細かな基準による品定めを掛け
合わせた「超合理的」なものになっている、と分析している点だ。し
かし、実のところイルーズは、直観が理性に勝るという安易な結論も
導かず、曖昧さを残している。

　イルーズは、異性愛の変容分析によって近代についての理解を深め
ることができると考えており、自身でも、この研究が子どもや家庭を
持ちたがる異性愛者の女性を念頭に置いたものであることは認識して
いるという。しかし、そうはいっても論じる対象があまりにも一元的
で、性の多様性が欠如し、階級やエスニシティが不可視化されている
という批判もある。

ビョンチョル・ハン（Byung-Chul Han）

　1959 年生まれの韓国出身の哲学者。ドイツで学び現在も当地を拠
点とし、ベルリン芸術大学でも教壇に立った。こちらも著作が非常に
多い。ハンは、現代社会を「業績社会」であるとし、資本主義が進ん
だ結果、人々は誰に求められるでもなく自己搾取するようになったと
している。このような社会では愛も成果と見なされるが、愛とは本来、
成果にはなり得ないものであるというのがハンの主張だ。『エロスの
苦痛[アゴニー]』で、ハンはイルーズの著作を引用しつつ、彼女の理論には現代
社会を語る上で重要な「他者の不在」という概念が欠けている、と指
摘する。ハンについては、現在、花伝社で 2 作[2] の日本語版が準備
されている。

ヒルダ・ドゥリトル（Hilda Doolittle / H.D.）

　本書64頁以降で存在感を放つ詩人H.D.（1886〜1961）も、ドゥリトル名義の回想録『フロイトにささぐ』（鈴木重吉訳、みすず書房、1983年）が日本語訳されているだけで、詩集は翻訳されていない。『アメリカ名詩選』（亀井俊介・川本皓嗣編、岩波文庫、1993年）には本書の最後を締めくくる「山の精（Oread）」を含む2篇が収録され、「くっきりと明晰で一分の隙もないH.D.の短詩は、イマジズムの規範とされた」と評価されている。また、2020年刊行の『アメリカ現代詩入門──エズラ・パウンドからボブ・ディランまで』（原成吉、勉誠出版）でもH.D.について一項目が割かれ、同じ詩が紹介されている。なお、本書では169頁の原註のとおり、リーヴの解釈によって語句が少し変えられている。

　本作の原題 "Den rödaste rosen slår ut（いちばん赤い薔薇がほころんでいる）" は、作中に登場するH.D.最晩年の詩「密封された定義（Hermetic Definition）」の一節から取られている。

エーディット・スーデルグラン（Edith Södergran）

　H.D.に向けたエズラ・パウンドの言葉の箇所（68頁3コマ目）で、「スーデルグランの表現だと、エズラは『花を求め果実をみつけた』のだ」とわずかに引用される詩人スーデルグランについても書いておきたい。彼女は、H.D.とほぼ同時代のスウェーデン語系フィンランド人で、1892年に生まれ1923年に31歳で亡くなっている。生前に出版された詩集は4冊だが、死後に遺稿が出版され、同時代の北欧の作家たちに影響を与えたとされる。リーヴが言及しているのは「日が冷めるとき…（Dagen svalnar）」という詩で、1916年刊行の詩集に収録されている。

　「日が夕べに向い冷めてゆく…／私の手から暖をお飲みなさい／私

の手に春のような血が流れている。／私の手を、私の白い腕を／私の細い肩が焦がれるものをお取りなさい…」

こんなふうにロマンチックに始まる詩は、次のように終わる。

「あなたは花を求め／果実をみつけた。／あなたは泉を求め／海をみつけた。／あなたは女を求め／魂をみつけた──／あなたは失望した」

訳者は本書を通じてこの詩を知り、静かだがとても強いラストに、鳥肌が立つような衝撃を受けた。エズラとヒルダの関係について（また、現在でもありがちな現象について）リーヴがいわんとすることがこの詩に凝縮されているため、長くなったが一部引用した。多くの詩を収録した評伝『待ちのぞむ魂──スーデルグランの詩と生涯』（田辺欧、春秋社、2012年）が出されている。上記日本語訳も同書から引用した。

本書への反応について

本書では、「たぶんね」「かもしれないよ」という留保が何度も何度も繰り返される。リーヴは、時に読者を煙に巻き、時に突き放し、最後はテセウスとともに海の上に放り出す。私たちは愛をどう考えればいいのか。

訳者としては、本書をめぐる議論とそれについてのリーヴの応答を示しておきたい。議論されているのは、おおむね次の2点だ。

(1) ロマンチックな愛を肯定する内容は、これまでの主張との一貫性を欠くものではないか。

(2) 女性たちが「恋愛で傷つくのをやめよう」「自分を大切にしよう」と思うのはいけないことなのか。

(1) ロマンチックな恋愛礼賛への転向？

　リーヴはこれまでの6冊で一貫して、異性愛神話や家父長制、ブルジョワ的な核家族などを作られた概念として批判してきた。前述した、恋愛をテーマにした『アインシュタインの妻』や『チャールズ皇太子の気持ち』では、ロマンチックな恋愛そのものを批判している。ところが、本書は「恋愛は理論では説明できないロマンチックなものである」としている。なぜロマンチックな恋愛を礼賛しているのかと戸惑った従来のファンも少なくなかったようだ。本書の舞台化作品上演に先立つインタビューで、リーヴは「旧作で納得して『もう恋はしない！』と思ったのに、今回は逆のことが述べられていて、どちらが正しいのかわからなくなった」という読者の声も届いている、と話している[3]。

　リーヴは、旧作と本書で展開した愛についての考察はどちらも興味深いものなので、読者自身が考えを深めてほしい、と答えている。また、今回、正反対の結論に至った理由としては、自分の感じ方が変化しているせいだとする一方、外因的な理由も挙げ、SNS利用の急増など社会状況が激変していることも恋愛への考え方に影響を与えているとした。10年前と同じ内容を繰り返したくはないといい、「恋愛について考える作品を10年に1冊、90歳まで描き続けたい。時代の中で考えがどう変わっていくのかを考えると、おもしろいと思う」とも話している。また「ダーゲンス・ニーヘーテル」紙（2019年8月31日付）のインタビューでは、年々センチメンタルになり、涙もろくなっている、と語る。また、自分自身が恋の始まりと終わりを経験し、降りかかってくる直観的なものと、運命は自分で変えられるという理想との矛盾に興味がわいた、とも話している。

　「恋愛礼賛」といっても、本書で取り上げられているのは異性愛ばかりではないか、という感想もあるだろう。本書をはじめ、リーヴの作品のほとんどは、異性愛の例をもとに女性への抑圧が考察される。

前述のとおり、本書では論拠としているイルーズの研究自体が基本的に異性愛者を考察対象としていることで、女性と男性のヘテロセクシュアルな関係だけを描いているように読めてしまえるかもしれない。しかし、本書を含め、彼女が被抑圧者として考えているのはシスジェンダー（割り当てられた性別と性自認が一致している）の異性愛者の女性だけではないことは、一見して男女ペアとは限らないカップルの描き方やセリフからもわかる。彼女自身は「自分が異性愛者の白人のミドルクラスの女性であること」を強く意識し、自己批判しながら作品を描いているように思われるが、そこには「多様な性があって当たり前」という大前提がある。

　それでも、過去には、作品がシスジェンダー寄りで差別的だという批判を受けており、のちに、そうした視点をまったく持っていなかったわけではなかったが、指摘されなければ理解できなかったであろう、とても大事な批判だった、と語っている。

⑵「自分を大切にしよう」と思うことはダメなのか？

　「あんたのかわりはすぐに見つかる」と歌うビヨンセから始まる章（97頁〜）では、ビヨンセの歌がテーマとする考え方を「自己強化フェミニズム」と名付け、批判的に紹介している。「恋するのも、終わりにするのも、自分で決めればいい」「恋愛で苦しむのを終わりにする」「自分自身が何よりも大事」「恋愛は公平であるべき」といった、フェミニズムの文脈でも使われるスローガン（101頁）を検証していき、これらを実践しても幸せな恋が保証されるわけではない、と主張する。フェミニズムを否定するかのようなこの主張に対し、上記「ダーゲンス・ニーヘーテル」紙インタビューでは、記者が次のような懐疑的な言葉を放つ。

　──愛について語られるとき、「誰かを愛する前にまず自分を愛さ

なければいけない」とよくいわれますが（…）尊敬すべきフェミニストたちがこの言葉を広めてきました。例えば、アメリカのフェミニストのベル・フックスも名著『オール・アバウト・ラブ——愛をめぐる13の試論』[4]で「自分を大切にすることは愛の基本、自分を愛せなければ他人を愛することもできない」と述べています。

これに対して、リーヴは次のように答えている。

「そういうスローガンはみんな文脈によると思う。ベル・フックスや、黒人公民権運動家のオードリー・ロードみたいなフェミニストは、過酷な経済的な抑圧や、性差別的な憎悪、人種差別にさらされる中で、自分自身を愛そう、大切にしよう、と語っている。それは、『自分を好きになるっていうきれいな言い回し』を女性向けの高級嗜好品の宣伝に使うのとはまったくわけが違う。フェミニズムがそれを求めてるとは思えない」

さらにこの記者は「本書はどういう点でフェミニズム的な作品だといえるのか」という問いも投げる。答えはこうだ。

「わたしが思うフェミニズムの理想の世界では、別にみんな、しっかりしてなくても、すてきじゃなくてもいいし、安っぽいスローガンを繰り返さなくてもいい。みんなが互いに自由に考えることができて、（あることに対して）真逆に考えてもいいし、おかしいと思ってもいいし、もっと考えたっていい。この本は人間であることのすべてを描いていると思ってる。だから、弱くても、依存してても、苦しんでてもいい。『そういう考え方を消去して外に出ていつも強い女でいようぜ』っていうのは、女性の理想としてそんなに実りあるものだとは思わない」

インターネットで本書の書評を確認していたとき、おそらく現在30歳前後のスウェーデン人ライターが、10代でリーヴの作品に出会えてよかった、同世代の女子はみんな完璧主義の呪縛から解き放してもらった、と書いているのを見つけた。本書や『禁断の果実』が、10代だとか女子だとかを問わず、多くの人を呪縛から解き放つものになることを願う。

　本書の翻訳にあたっては、花伝社の山口侑紀さんに大変お世話になりました。いつも細やかな配慮で右も左もわからない訳者を導いてくださいました。本当にありがとうございました。また、膨大な引用文献の確認のためにお世話になった地元や近隣はじめ各地の図書館、支えてくれた仲間と家族にも感謝します。

2020 年 12 月　訳者

1　Nöjesguiden Göteborg, Nr 11, 2014.：https://issuu.com/nojesguiden/docs/ng201411_g

2　『疲労社会（*Müdigkeitsgesellschaft*）』『透明社会（*Transparenzgesellschaft*）』

3　王立ドラマ劇場作品紹介ページ：https://www.dramaten.se/repertoar/liv-stromquist-tanker-pa-sig-sjalv/

4　日本版は、宮本敬子・大塚由美子訳、春風社、2016 年。ちなみに、リーヴは『チャールズ皇太子の気持ち』の中で同書を取り上げており、「愛を体験するにはすべての権力をあきらめなくてはならない」という箇所を引用し、賛同を示している。

21世紀の恋愛──いちばん赤い薔薇が咲く

2021 年 2 月 10 日　初版第 1 刷発行

著者─────リーヴ・ストロームクヴィスト
訳者─────よこのなな
発行者────平田　勝
発行─────花伝社
発売─────共栄書房
〒 101-0065　東京都千代田区西神田 2-5-11 出版輸送ビル 2F
電話　　　　03-3263-3813
FAX　　　　03-3239-8272
E-mail　　　info@kadensha.net
URL　　　　http://www.kadensha.net
振替　　　　00140-6-59661
装幀────生沼伸子
イラスト協力──Moa Romanova
印刷・製本──中央精版印刷株式会社

禁断の果実——女性の身体と性のタブー

リーヴ・ストロームクヴィスト 作／相川千尋 訳

定価（本体 1800 円＋税）

●フェミニズム・ギャグ・コミック！　スウェーデンで激しい議論を
巻き起こした問題作。女性の身体をめぐる支配のメカニズム、性のタ
ブーに正面から挑み、笑いを武器に社会に斬り込む。

わたしはフリーダ・カーロ
──絵でたどるその人生

マリア・ヘッセ 作／宇野和美 訳

定価（本体 1800 円＋税）

●「絵の中にこそ、真のフリーダがいる。」フリーダ・カーロの魅力と魔力　渡辺直美、ビヨンセ、マドンナらを魅了する、永遠のフェミニスト。トロツキー、イサム・ノグチとの出会いも描く。作品と日記をもとに、20世紀を代表する画家に迫ったスペイン発グラフィックノベルのベストセラー。

私のおっぱい戦争
──29歳・フランス女子の乳がん日記

リリ・ソン 作／相川千尋 訳

定価（本体 1800 円＋税）

●おっぱい取ったあと、どんなタトゥーいれよう??　わたしの体、わたしの人生！　おっぱいをめぐる、リリ流のイケてる"戦争"を描いたカラフル闘病記。"カミングアウト"ブログ開設から半年でコミック化、またたくまにベストセラーとなった「カワイすぎる乳がんコミック」、日本上陸。

博論日記

ティファンヌ・リヴィエール 作／中條千晴 訳

定価（本体 1800 円＋税）

●「その研究、何の役に立つの?」「で、まだ博論書いてるの?」　世界中の若手研究者たちから共感の嵐！高学歴ワーキングプアまっしぐら⁉な文系院生が送る、笑って泣ける院生の日常を描いたバンド・デシネ。フランスでベストセラー！英米、ドイツ、イタリア、スペイン、アラビア語圏、中国など各国で翻訳出版された話題図書！推薦・高橋源一郎氏

リッチな人々

ミシェル・パンソン、モニク・パンソン＝シャルロ 原案／マリオン・モンテーニュ 作／川野英二、川野久美子 訳

定価（本体 1800 円＋税）

●あっちは金持ちこっちは貧乏、なんで？　フランスの社会学者夫妻による、ブルデュー社会学バンドデシネ。「社会学者が解き明かす、このくそったれな世の中の仕組み。どうすれば金持ちになれるの？って考えてるあなたは、金持ちになれない！」岸政彦氏（社会学者）推薦！

マッドジャーマンズ——ドイツ移民物語

ビルギット・ヴァイエ 著／山口侑紀 訳

定価（本体 1800 円＋税）

●移民問題に揺れる欧州　ドイツに衝撃を与えた社会派コミック。モザンビークからやってきた若者たちは、欧州で何を見、何を感じたのか？　3人のストーリーが描く、移民問題の本質。推薦・多和田葉子氏（作家）
第 22 回文化庁メディア芸術祭審査委員会推薦作品

ナタンと呼んで
——少女の身体で生まれた少年

カトリーヌ・カストロ 原作／カンタン・ズゥティオン 作画／
原 正人 訳

定価（本体 1800 円＋税）

●フランスで話題沸騰！
身体への戸惑い、自分を愛せない苦しみ、リストカット、恋人・友人関係、家族の葛藤……。実話をもとにフランスのトランスジェンダー高校生を描く希望のバンド・デシネ！

わたしが「軽さ」を取り戻すまで
——“シャルリ・エブド”を生き残って

カトリーヌ・ムリス 作／大西愛子 訳　定価（本体 1800 円＋税）

●シャルリ・エブド襲撃事件生存者、喪失と回復の記録
2015 年 1 月 7 日、パリで発生したテロ事件により 12 人の同僚を失うなか、ほんのわずかな偶然によって生き残ったカトリーヌ。深い喪失感に苛まれながらも、美に触れることによって、彼女は自分を、その軽やかさを少しずつ取り戻す。

見えない違い——私はアスペルガー

ジュリー・ダシェ 原作／マドモワゼル・カロリーヌ 作画／
原 正人 訳

定価（本体 2200 円＋税）

●マルグリット、27 歳。本当の自分を知ることで、私の世界は色付きはじめた　フランスでベストセラー！アスペルガー当事者による原作のマンガ化。「アスピー」たちの体験談と、日常生活へのアドバイスも収録。
第 22 回文化庁メディア芸術祭（文部科学大臣賞）マンガ部門新人賞受賞